Horst Meller

Zum Verstehen englischer Gedichte

Wilhelm Fink Verlag München

Für M. M.

ISBN 3-7705-1992-2

Gesamtherstellung: Ferdinand Schöningh, Paderborn

Einbandgestaltung: Alfred Krugmann, Stuttgart

Uni-Taschenbücher 1070

UTB
FÜR WISSEN
SCHAFT

Eine Arbeitsgemeinschaft der Verlage

Birkhäuser Verlag Basel · Boston · Stuttgart
Wilhelm Fink Verlag München
Gustav Fischer Verlag Stuttgart
Francke Verlag Tübingen
Harper & Row New York
Paul Haupt Verlag Bern und Stuttgart
Dr. Alfred Hüthig Verlag Heidelberg
Leske Verlag + Budrich GmbH Opladen
J. C. B. Mohr (Paul Siebeck) Tübingen
R. v. Decker & C. F. Müller Verlagsgesellschaft m. b. H. Heidelberg
Quelle & Meyer, Heidelberg · Wiesbaden
Ernst Reinhardt Verlag München und Basel
K. G. Saur München · New York · London · Paris
F. K. Schattauer Verlag Stuttgart · New York
Ferdinand Schöningh Verlag Paderborn · München · Wien · Zürich
Eugen Ulmer Verlag Stuttgart
Vandenhoeck & Ruprecht in Göttingen und Zürich

Literaturstudium

Herausgegeben von Herbert Mainusch

Band 1: Utopie und Anti-Utopie in der englischen Literatur
(Willi Erzgräber)

Band 2: Zum Verstehen englischer Gedichte
(Horst Meller)

Band 3: Literaturtheorie
(Herbert Mainusch)

Band 4: Das englische und amerikanische Hörspiel
(Armin Paul Frank)

Band 5: Samuel Beckett
(Henner Laass, Wolfgang Schröder)

Band 6: Arnold Wesker
(Klaus und Valeska Lindemann)

Inhalt

Vorbemerkung

Dieses Arbeitsbuch wurde als ein Studienbrief konzipiert (in Absprache mit dem Deutschen Institut für Fernstudien an der Universität Tübingen) und wird hier in überarbeiteter Form vorgelegt. Ein Studienbrief mit dem Thema "Zum Verstehen englischer Gedichte" ist keine Epistel Pauli und keine institutionell verordnete Schulungsdrucksache. Er kann (und soll) auch weder die Grundlegung einer Theorie der Interpretation leisten, noch etwa als Nachschlagewerk dienen. Statt dessen sollte er als Sendschreiben von Person zu Person die Selbsttätigkeit des "Briefempfängers" veranlassen oder fördern, Gedanken übers Lesen von Gedichten entwickeln helfen und dabei seinen Vorläufigkeitscharakter nirgends verleugnen. Unser "Brief" wendet sich allgemein an Literaturliebhaber, die ihr Interesse an englischer Lyrik vertiefen und ausbauen möchten, und speziell an Lehrer und Schüler der gymnasialen Oberstufe und des Proseminars der Universität.

Je nach individuellem Bedürfnis kann der "Briefleser" für ihn Überflüssiges überschlagen oder aber zusätzliche Hinweise aufgreifen. Das Druckbild soll bei solchem Auswählen behilflich sein. Prinzipiell möchte der Band Seite für Seite – je nach selbstgewähltem Tempo – durchgearbeitet werden. Sein inhaltlicher Aufbau setzt ein aktives "Dabeibleiben" des Lesers voraus. Die in kleinerer Schrift gesetzten Sacherläuterungen und Exkurse geben in der Regel eher zuviel als zuwenig. Sie sind teils als Denkanstöße und Arbeitsaufträge für ein eigenständiges Weiterlesen gedacht, teils sollen sie das Informationsgefälle zwischen verschiedenen Gruppen von Lesern mindern; sie können je nach Interesse auch übergangen werden. Das im Schriftbild hervorgehobene STICHWORT nennt den jeweils erläuterten Sachkomplex und wird auch über das Register am Schluß des Bandes zugänglich gemacht.

Durchgängig wird in den folgenden elf Kapiteln auf die Gedichtsammlung *British and American Classical Poems* (Westermann Verlag, Braunschweig) verwiesen – verkürzt immer als *"BACP"* (mit Seitenangabe) zitiert[1]. Diese Anthologie wird für das vorgeschlagene weiterführende Gedichtelesen benötigt und sollte möglichst zur Hand sein.

---

[1] *British and American Classical Poems*, hrsg. von Horst Meller und Rudolf Sühnel in Zusammenarbeit mit Arthur Brown und Richard Schade (Braunschweig, 1966). Diese Anthologie trat an die Stelle des zuerst 1850 von Ludwig Herrig veröffentlichten Lesebuchs *British Classical Authors*, das in über einhundert Auflagen mehrfach von Herrig selbst und später von Max Förster umgearbeitet worden war.

1. Poesie *versus* Prosa

Unter dem Eindruck einer Aufführung von Harold Pinters Theaterstück *The Birthday Party* schrieb eine Dame dem Dramatiker:

Can you tell me the meaning of your play? There are three points I do not understand. (1) Who are the two men? (2) Where did Stanley come from? (3) Were they all supposed to be normal? You will appreciate that without the answers to my questions I cannot understand your play.

Pinters Antwortbrief hatte den folgenden Wortlaut:

Dear Madam, I would be obliged if you could explain to me the meaning of your letter. There are three points which I do not understand. (1) Who are you? (2) Where do you come from? (3) Are you supposed to be normal? You will appreciate that without the answers to these questions I cannot fully understand your letter.

Dieser Briefwechsel (im *New Statesman* am 27. 11. 1970 der Welt zugänglich gemacht) bestätigt nur jenes Kontinuum, das zwischen Kunst und Leben, zwischen ästhetischer und realer Erfahrung ungeachtet aller behaupteten Grenzziehungen besteht. Ein solches Kontinuum, das uns ein Verstehen von Sprachkunst zugleich erleichtert und erschwert, herrscht auch zwischen Poesie und Prosa – trotz der Versicherung Friederike Kempners, der "schlesischen Nachtigall":

Poesie ist Leben
Prosa ist der Tod.
Engelein umschweben
Unser täglich Brot.

Was der kulturbeflissene Monsieur Jourdain in Molières Theaterstück *Der Bürger als Edelmann* erst mühsam und mit Hilfe von besonders aufwendiger Erwachsenenbildung lernt: daß er sein Leben lang Prosa gesprochen hat, das gilt für uns alle im Blick auf die Poesie. Wir sind ständig von ihr umgeben. Ein Gedicht wie das folgende, das im Nachrichtenmagazin *Der Spiegel* am 8. 5. 1967 (S. 117) erschien, kann uns täglich ansprechen, besonders aber, wo wir Poesie am wenigsten erwarten – im Alltag – und wo wir ihr folglich am wenigsten Widerstand leisten:

Täglich frisch
in täglich frischer
Schiesser-Wäsche

Die Aktualität von Schiesser ...
für ihn!
Die sportliche Reisewäsche
mit Flair ... Bani-Lon ... farbig!
Weiß, schwarz, marine,
hellblau, brombeer.
Schiesser
Männer wissen warum.

Poetizität (Gedichthaftigkeit) als "Mehr" an Strukturierung

"Poetische Sprache", so oder so ähnlich lehren uns die Koryphäen der Sprachkunstwissenschaft, "unterscheidet sich von Alltagssprache durch ein Mehr an Strukturierung". Im gegebenen Fall ist solches "Mehr" leicht auszumachen: in der TEXTSEGMENTIERUNG durch variable Zeilenlängen, der bald aufgeregteren, bald wieder beruhigteren Atemführung angepaßt; im Wiederholungseffekt in den beiden Anfangszeilen; im vielsagenden Gleichanlauten der beiden letzten Wörter der letzten Zeile (" ... *w*issen *w*arum."). Kurzum: Die poetische "Strategie" eines Textes besteht darin, daß gegenüber den üblichen Regeln der Normalsprache (die ihrerseits oft genug durchbrochen werden) nicht nur Regelverstöße vorkommen, sondern auch eine Anzahl von Zusatzregeln eingeführt werden, mit Hilfe derer die Aufnahmebereitschaft des Lesers auf die Struktur des Textes selbst gelenkt werden soll.

Als einen Text von verwandter "POETIZITÄT" hatte *Der Spiegel* eine Woche zuvor (S. 112) den folgenden abgedruckt:

Mini-Meister.
Macht's mit COKE.
Langer Schluck – kurzer Schlag.
COCA-COLA-Klassepartner.

Kühl und frisch.
Zu jedem Spiel.
Weil's löscht und zischt,
schmeckt und erfrischt.
Mit jeder Flasche.
Mehr Frische, mehr Freude,
mehr COKE!

Über das im ersten Text Beobachtete hinaus enthält hier das "Mehr" an Strukturierung unter anderem auch den Kunstgriff des ENDREIMS (zischt/erfrischt), den man oft für ein entscheidendes Hauptmerkmal des "poetischen" Textes gehalten hat (allerdings fälschlicherweise: zum Beispiel gibt es in der großartigen Poesie des alten Rom fast gar keine Endreime). Ansonsten "poetisiert" unser Cola-Trinkliedchen seine besondere Lebenshilfe-Botschaft absatzorientiert durch die Nutzbarmachung dreier althergebrachter sprachlicher Kunstmittel: erstens der ALLITERATION, auch ANREIM oder STABREIM genannt ("*M*ini-*M*eister. / *M*acht's *m*it ..."; "*Schl*uck ... *Schl*ag"; "*C*OCA-*C*OLA-*K*lassepartner. / *K*ühl ..."; "*Fr*ische ... *Fr*eude"); zweitens des PARALLELISMUS oder der symmetrieschaffenden Wiederkehr einer charakteristischen Wortfolge ("Langer Schluck – kurzer Schlag"; "Mehr Frische, mehr Freude, / mehr COKE"); drittens der KLANGMALEREI, manchmal wenig klangschön auch ONOMATOPOESIE oder gar ONOMATOPÖIE genannt, was alles die nachahmende Wiedergabe von bedeutsamen Gehörseindrücken bezeichnet: in der unser Mini-Meisterwerk durchpulsenden Kaskade von nicht weniger als zehn *sch*-Lauten, in der das zischende Sichöffnen des raffiniert hochgepriesenen Fläschleins szenisch gefeiert wird.

Poetizität unabhängig von Reim und Metrum: MacDiarmids "Perfect"

Um ein Gedicht zu verstehen, das sublimere Ansprüche erhebt als der im Eigeninteresse lockende Spruch einer Getränkefirma oder einer Unterwäschefabrik, sehen wir uns das Kurzgedicht an, das 1939 in England unter der vielverheißenden Überschrift *Perfect* ("Vollkommen") gedruckt wurde. Sein Autor war kein gutverdienendes Mitglied eines anonymen Werbeteams, sondern ein schlechtbezahl-

PERFECT

On the Western Seabord of South Uist
(Los muertos abren los ojos a los que viven)

I found a pigeon's skull on the machair,
All the bones pure white and dry, and chalky,
But perfect,
Without a crack or a flaw anywhere.

At the back, rising out of the beak,
Were twin domes like bubbles of thin bone,
Almost transparent, where the brain had been
That fixed the tilt of the wings.

Hugh MacDiarmid

ter Poet: Hugh MacDiarmid, *alias* Christopher Murray Grieve (1892–1978), der nach Meinung vieler britischer Kritiker bedeutendste schottische Lyriker seit Robert Burns. Sein Titel greift das Schlüsselwort des Texts aus der dritten, kürzesten und dramatischsten Textzeile auf. "Perfekt" – das war zuweilen auch die Bewertungsformel von Kritikern für das kleine Gedicht selbst. Dessen "Poetizität" leuchtet ein, trotz des Fehlens von Reimen an den Zeilenenden und trotz der beträchtlichen Unterschiedlichkeit im METRUM der Zeilen (d. h. trotz des Fehlens sogenannter "metrischer" Gesetzmäßigkeiten, also der Gesetzmäßigkeiten für ein "Messen" der Zeilenlängen oder der Füllung der unterschiedlich langen Zeilen mit "Metren" oder festen Meß-Einheiten).

Der Gedichtsprecher findet am schottischen Meeresstrand (*machair*, / 'maχər /, dies ist das einzige Wort, das ein Verstehen des Kurztextes hemmen könnte) einen vom Meerwasser gebleichten, aber vollkommen unbeschädigten Taubenschädel, der ihm zu einem Sinnbild wird für die Weise des flüchtigen Aufscheinens von Schönheit und Sinn in dieser Welt (der Vogelschädel als Repräsentant des zweckfrei Vollkommenen; die Paradoxie des Schönen: daß sie ihre Erfüllung in etwas Leblosem findet; usw.). Die rhythmisierte, stilisierend überhöhte Sprache und insbesondere die auffälligen Klangwiederholungen, Echoeffekte und Lautmalereien (*back* – *b*ea*k*; tw*i*n d*o*mes – th*i*n b*o*ne; *b*rai*n* – *b*ee*n*; fixed /t*i*lt / w*i*ngs) unterstreichen den Effekt des "Bedeutens", so daß der vom Dichter in manchen Ausgaben zusätzlich beigegebene EPIGRAPH (d. h. Motto-Inschrift zwischen Titel und Text) fast überflüssig erscheint: "Los muertos abren los ojos a los que viven" (Die Toten öffnen denen die Augen, die leben). Man glaubt sich als verstehender Leser des Textes also sicher diesseits der "dünnen Linie zwischen Lyrik und Prosa" (Hilde Domin).[1]

Wie soll ein Leser reagieren, wenn ihn das im folgenden Mitzuteilende verunsichert? Im *Times Literary Supplement* schrieb am 21. 1. 1965 (S. 47) ein walisischer Prosaschriftsteller namens Glyn Jones, alle Wörter des Gedichts von Hugh MacDiarmid mit Ausnahme des Epigraphs und der Eingangszeile wären von ihm, Jones. Und sie wären Prosa, nicht Poesie. Nur habe es sich statt um eine Taube um

---

[1] Hilde Domin, *Wozu Lyrik heute: Dichtung und Leser in der gesteuerten Gesellschaft* (München, 1968), S. 145.

eine Seemöwe gehandelt. Jones' Kurzgeschichte *Porth-y-rhyd*, die die Wörter in der Tat genau in der von MacDiarmid gegebenen Abfolge enthält, war schon 1937 erschienen.[2] Die Stellungnahme des Autors des ursprünglichen Texts war diese:

> This is not a question of similarity or echoes; the words are identical – apart, I repeat, from the first line – and describe in my story the skull of a seagull found on the shore. What Hugh MacDiarmid has done, no doubt through some inadvertence or forgetfulness, is to arrange my prose in the form of the poem ... I ought to add that I have no personal quarrel with Hugh MacDiarmid at all and that I have long been an admirer of his poetry.

Statt solcher leisetretenden Behutsamkeit las man im *Times Literary Supplement* in den nachfolgenden Leserzuschriften zur Sache durchaus auch härtere Plagiatvorwürfe. Zumal es sich bei Hugh MacDiarmid um ein notorisches Mitglied der Kommunistischen Partei handelte, erklärte man sein Verfahren meist als Folge seines gebrochenen Verhältnisses zum Privateigentum. Wir als nur ums Verstehen bemühte Leser dürfen uns in dieser Angelegenheit getrost an Bertolt Brechts Bekenntnis zu einer gewissen "grundsätzlichen Laxheit in Fragen geistigen Eigentums" erinnern. Deshalb braucht uns hier lediglich der Verdacht zu beschäftigen, daß *wir* uns möglicherweise geirrt haben könnten, als wir beim ersten Lesen dem "Gedicht" eine intuitiv einleuchtende "Poetizität" zusprachen.

Ein zweiter Beispielfall: Paters "Mona Lisa"

Ein zweites Beispiel mag uns dabei helfen, diesen peinlichen Verdacht zu entkräften. William Butler Yeats (1865–1939), der vielleicht größte englischsprachige Lyriker unseres Jahrhunderts, gab im Jahre 1935 ein *Oxford Book of Modern Verse* heraus und setzte an die erste Stelle seiner Anthologie ein Kurzgedicht von Walter Pater (1839–1894), betitelt *Mona Lisa.*

Was hier den Effekt des Poetischen bewirkt, ist leicht zu inventarisieren: ein exaltierter Sprechton, verrätselnde Ausdrucksweise in ungleichmäßig abgeteilten und dabei stark emotional gefärbten Wortgruppen, die markante Vielfach-Wiederholung des Wortes *and* am Zeilenbeginn (in 9 von insgesamt nur 16 Zeilen!), damit verbunden die grammatischen Parallelismen der Satzkonstruktionen. Mehr

[2] In Glyn Jones, *The Blue Bed and Other Stories* (London, 1937).

MONA LISA

She is older than the rocks among which she sits;
Like the Vampire,
She has been dead many times,
And learned the secrets of the grave;
And has been a diver in deep seas,
And keeps their fallen day about her;
And trafficked for strange webs with Eastern merchants;
And, as Leda,
Was the mother of Helen of Troy,
And, as St Anne,
Was the mother of Mary;
And all this has been to her but as the sound of lyres and flutes,
And lives
Only in the delicacy
With which it has moulded the changing lineaments,
And tinged the eyelids and the hands.

Walter Pater

als alles andere scheint das Element des Rhythmischen den Text Paters in seiner Eigenart zu bestimmen und ihr "Poetizität" zu verleihen.

Der RHYTHMUS (griech. *rhythmos*, von *rhein*, "fließen") ist die "harmonische Gliederung einer lebendigen Bewegung in der Zeit zu sinnlich faßbaren, ähnlich wiederkehrenden Teilen, doch im Gegensatz zum exakt-gleichförmigen, rational zähl- und meßbaren Takt nicht ständige Wiederholung des Gleichen." – So definiert Gero von Wilperts kleines *Sachwörterbuch der Literatur* (Stuttgart, 1955 u. ö.), ein sehr verbreitetes und empfehlenswertes Hilfsmittel in dichtungswissenschaftlichen Etikettenfragen.

In der Bildlichkeit summiert Paters lyrisches Konterfei der Mona Lisa als Urtyp einer Metamorphosengestalt die drei Quellströme abendländischer Kultur: das Heidnisch-Atavistische (Vampir), die geschichtsbegründete Antike (Leda als Mutter der Helena) und die christliche Heilsgeschichte (Anna als Mutter der Jungfrau Maria). Leda und Anna sind Mütter, die Geschichte machten: den Krieg um Troja in Gang setzend, die Einsetzung eines neuen Weltgesetzes vorbereitend.

Wer nun erfährt, daß auch Yeats – in seinen politischen Überzeugungen gewiß kein besitzverachtender Kommunist – hier einen Text als Gedicht ausgegeben hat, der eigentlich "nichts als Prosa" ist[3], wird sich fragen müssen: Wollte Yeats etwa die Existenz wirklicher Unterscheidungskriterien zwischen Prosa und Poesie in Abrede stellen? Oder wollte er nur zeigen, daß moderne Poesie in ihren freien Rhythmen dem lebendigen Atem viel stärker verpflichtet ist und sein sollte als einem starren Reimschema und einer mechanischen Zeilen-Isometrie (d. h. einer metrisch gleichbleibenden Zeilenfüllung)? Und daß moderne Poesie in der Tat sehr dicht an der Grenze zur Prosa angesiedelt ist?

---

[3] Er stammt nämlich aus Walter Paters Prosa-Essay "Leonardo da Vinci" aus *The Renaissance* (1873). Gisbert Kranz stellt ihn in seiner Anthologie *Gedichte auf Bilder* (München, 1975) zu vergleichenswerten Mona Lisa-Gedichten von 15 weiteren Autoren von Edward Dowden bis Kurt Tucholsky.

Poetische "Struktur" oder "Textur": Ein Spiel mit Bedeutungen

Ein Gedicht, dies scheint der Verwandlungstrick W. B. Yeats' doch wohl vor allem andern demonstrieren zu wollen, ist ganz genau wie eine "poetische", d. h. sprachkünstlerisch durchstilisierte Prosapassage vorab dadurch charakterisierbar, daß die STRUKTUR, d. h. "Bau"-Weise (lat. *structura*, "Zusammenfügung" – oder TEXTUR, d. h. "Web"-Weise (lat. *textura*, "Gewebe") – der verwendeten Wörter und Bilder und Klänge ein Spiel mit Bedeutungen, ein Zusammenspiel auf verschiedenen Ebenen ist. Ein Gedicht, so bringt dies die Dichterin und Poetologin Hilde Domin auf die Formel, "sträubt sich im Maße seiner Spannungen gegen jede Einschränkung ins *Ein*linige, *Ein*deutige."[4] Die Grenze zwischen Poesie und Prosa wäre also jene überaus dünne Linie, die zwischen einem Mehr und einem Weniger an MEHRDEUTIGKEIT verläuft. Oft genug verschwimmt diese Grenzlinie – wie die Kunstgriffe des Hugh MacDiarmid und des William Butler Yeats es uns vorgeführt haben. Die Mehrdeutigkeit des Textes aber kann uns als eine Grund- und Startkategorie dienen für ein empirisches (d. h. von Erfahrung ausgehendes und an der Erfahrung orientiertes) Bemühen um das Verstehen von Gedichten.

Mehrdeutigkeit als Zugewinn an Sinn

Bevor wir in den folgenden Kapiteln mit dieser Grundkategorie textnah zu arbeiten versuchen, wollen wir sie erst einmal ein wenig auf ihren schillernden Begriff bringen. Poetische Mehrdeutigkeiten, Oszillationen der Textbedeutung, sind weder mit Unschärfen gedanklicher Inhalte noch mit Verwaschenheiten des sprachlichen Ausdrucks gleichzusetzen. Sie sind vielmehr der Zugewinn an Sinn, den ein kunstvolles Umgehen mit Worten zeitigt. Ihre Spielarten in der Dichtung sind mannigfaltig. Sie können beispielsweise auf der Unbestimmtheit syntaktischer Strukturen beruhen. Man denke etwa an William Blakes romantisches "Sprichwort aus der Hölle": "Damn braces, bless relaxes" (in *Marriage of Heaven and Hell*). Alle vier

---

[4] *Wozu Lyrik heute: Dichtung und Leser in der gesteuerten Gesellschaft* (München, 1968), S. 145.

Wörter lassen sich hier in sinnvoller Weise sowohl als Verben als auch als Nomina verstehen. Ein anderes Beispiel liefert die zugleich zurück- und vorwärtsweisende syntaktische Funktion von *hear* am Ende der zweiten Strophe in Blakes *London*-Gedicht (s. unten, S. 178).

Oder solche Mehrdeutigkeiten beruhen auf Unbestimmtheit der Akzentuierung im Satz. Ein gutes Beispiel ist die Zeile "Love first leaves the well-built nest" in Shelleys *"When the lamp is shattered"* (*BACP* 100). Betont man nämlich *first,* so verläßt dort als erstes die Liebe das Nest – etwas anderes (ein liebloses Restgefühl, etwa der Haß oder die Hörigkeit) bliebe dann vermutlich zurück. Betont man aber *well-built,* so verläßt die Liebe zuerst einmal das besser gebaute von dann mindestens zwei vorhandenen Nestern – und hält sich danach vermutlich noch eine Weile im schlechter gebauten Nest auf. Der Versrhythmus erlaubt beide Lesungen. Die Auswirkungen der Akzentsetzung sind beträchtlich. Für den Leser stellt sich in solchen Fällen die Frage, ob hier eine wirkliche, d. h. effektive Mehrdeutigkeit der Textstelle vorliegt, oder aber lediglich ein vorübergehendes Hin und Her im Prozeß seines Verstehens, das sich bei Berücksichtigung des Gesamttexts in eine klare Entweder/Oder-Lesung überführen läßt.

Oder es beruhen die Mehrdeutigkeiten auf Neben- und Obertönen *(overtones)* der Wörter und Wendungen, auf mehr als zufälligen Gleichklängen, die alsbald zu "WORTSPIELEN" *(puns)* werden können, auf mithörbaren Anspielungen *(allusions),* auf versteckten Neben- und Mitbedeutungen *(connotations)* usw. Jede Dichtung – nicht etwa lediglich diese oder jene spezifische Weise des Dichtens – ist ein Spielen mit solchen ALLUSIONEN und KONNOTATIONEN. Denn sobald Sprache poetisiert wird, das soll nunmehr heißen: sobald sie artikuliert, kontrolliert und mit Bedeutung aufgeladen wird, ruft jedes Einzelwort, jede Wendung vielfältig gesteuerte Bedeutungszusammenhänge, Gedankenverbindungen und Gefühlsobertöne hervor, die ihre Ursprünge ebenso in der subjektiven Erlebniswelt (des Autors und/oder des Lesers) wie im überpersönlichen muttersprachlichen Bewußtsein haben können, und durch die erst die von der Machart des Textes angeregte Aufnahmetätigkeit des Lesers zu einem schöpferischen Nachvollzug wird.

Zu diesen gleichsam aus dem Gedichttext herausragenden semantischen Kontexten – man könnte sie die "vertikalen" WORT-

KONNOTATIONEN nennen – kommen die durch die Arbeit des Poeten an seinem Text jeweils neu geschaffenen Kontextbezüge hinzu, die sich aus der kalkulierten wechselseitigen Beeinflussung aller Elemente, *"the interinanimation of words"* (I. A. Richards), innerhalb einer Textstruktur ergeben: Diese sozusagen "horizontalen" Verknüpfungen und Verfilzungen könnte man insgesamt als STRUKTURKONTEXT bezeichnen.

Ein Sesam-öffne-dich: "Ambiguity" als Sammelbegriff

Einer der folgenreichsten Geniestreiche der neueren Textinterpretationskunst bestand darin, daß für solche schier unüberschaubare Vielfalt von außerordentlich heterogenen sprachlichen und ästhetischen Kunstmitteln, deren Gemeinsamkeit eben einfach darauf beruht, der Bedeutungsfülle förderlich zu sein, ein kernig klingender Oberbegriff eingeführt wurde. Es handelte sich um den Handstreich des 22jährigen Mathematikstudenten William Empson (geb. 1906), und sein Oberbegriff lautete: AMBIGUITY (genaugenommen eigentlich "Zweideutigkeit"). *Seven Types of Ambiguity* betitelte er einigermaßen verspielt sein in der Dichtungskritik alsbald epochemachendes Werk über die "Spiel"-Regeln poetischer Mehrdeutigkeit, das 1930 in London erschien. Er definierte den Begriff in der ersten Auflage des Buchs mit provozierender Unschärfe als eine Sprachgebung "which adds some nuance to the direct statement of prose", um ihn später, den inzwischen vorgebrachten Einwänden der seriösen Systematiker trotzend, in der revidierten Fassung des Buchs eher noch vager als präziser zu umschreiben als "any verbal nuance, however slight, which gives room for alternative reactions to the same piece of language".

Dieses ist eine Wörterbuchdefinition des Begriffs:

AMBIGUITY: the condition of admitting two or more meanings, of being understood in more than one way, or of referring to two or more things at the same time. (Webster's *New International Dictionary*).

Wo selbst die Lexikographen bei ihrer Definition des Sachverhalts den Fallgruben der Mehrdeutigkeit nicht entgehen (ihre eigene Formulierung läßt hier nämlich sicher "mehr als eine Bedeutung" zu und kann in "mehr als nur einer Weise" verstanden werden), dürfen wir also wohl statt mit ihrer Begriffsbestimmung ebensogut mit der großzügigeren von Empson arbeiten. (Diese sieht übrigens beispielsweise beim Gebrauch des Worts "wir" nicht jedesmal eine Mehrdeutigkeit am Werk, während das Fürwort nach Webster eigentlich immer *ambiguous* sein müßte, weil es doch zweifelsfrei "two or more things at the same time" zu bezeichnen pflegt.) Nach Empson ist *ambiguity*, die doch in zweckorientierter "Normalsprache" ein Mangel, ein Kommunikationshemmnis ist, in der poetischen Sprache geradezu ein Garant für gut – d. h. produktiv – funktionierende Kommunikation zwischen Text und Leser: indem nämlich ein Bedeutungsreichtum übermittelt werden kann, in welchem für Verstehensnuancen, Deutungsalternativen, Sinnambivalenzen und Aussagespannungen Raum ist – kurzum, für das kreative Re-konstruieren von Textsinn.

Wir wollen uns des *ambiguity*-Begriffs nicht bedienen wie man sich eines Dogmas bedient, um die unbändigen Widersprüchlichkeiten der oft unbequemen Wirklichkeit zu zähmen. Vielmehr soll uns die These von einer grundsätzlichen und konstitutiven Mehrdeutigkeit poetischer Strukturen als Hypothese und Verstehenshilfe dienen, als ein Netz sozusagen, mit dessen Hilfe etwas von der Wirklichkeit – d. h. Wirksamkeit – eines Sprachkunstwerks eingefangen werden kann. Hinter dieser Hypothese steht eine Auffassung vom Sprachkunstwerk, wie sie von den amerikanischen Kritikern W. K. Wimsatt und Cleanth Brooks richtungweisend skizziert worden ist:

> The great poems reveal an organic structure of parts intricately related to each other, and the totality of meaning in such a poem is rich and perhaps operative on several levels. In terms of this view of poetic excellence, a principal task of criticism – perhaps *the* task of criticism – is to make explicit to the reader the implicit manifold of meanings.[5]

Vom "Wesen" oder vom "Sein" des Gedichts

Was ein Gedicht "seinem Wesen" nach ist, wenn es vom verstehenden Leser in solch einer Weise betrachtet werden kann und erklärt werden soll, das wurde vom Begründer der modernen angelsächsischen Dichtungskritik, I. A. Richards (1893–1979), ebenso tief wie graziös ausgesprochen. Folgendermaßen läßt Richards, der zwar

---

[5] *Literary Criticism* (New York, 1957), S. 652.

als Theoretiker seinen Weltruhm erwarb, aber auch als Lyriker genau wie William Empson einen eigenen Rang beanspruchen darf, in seinem Gedicht *Retort*[6] das Gedicht sich selbst definieren:

A poem's not on a page
Or in a reader's eye;
Nor in a poet's mind
Its freedom may engage.
For I, a poem, I
Myself alone can find
Myself alone could bind.

I, though I take from you
All, all I have to sing,
Am all an empty Ought
Spinning itself its clew.
Burning up what you bring
To search out what you sought,
I work on out from naught.

Eyeless, a source of seeing,
Careless, a fount of care,
An unrecorded vow
Is all my core of being.
Yet, neither here nor there
And with no then but now,
Your life I disallow.

I sing, who nevertheless
No accents have or breath.
I neither live nor die.
But you whom I possess ...

---

[6] Aus *Goodbye Earth* (New York, 1957), S. 22. – Vgl. hierzu das Kapitel "The Mode of Existence of a Literary Work of Art" in René Welleks und R. P. Warrens *Theory of Literature* (1942 u. ö.), insbesondere ihre Definition des Sprachkunstwerks als "an object of knowledge *sui generis* which has a special ontological status. It is neither real (like a statue) nor mental (like the experience of light or pain) nor ideal (like a triangle). It is a system of norms of ideal concepts which are intersubjective."

You, you know life and death
And throughly know; so I
What void I fill thereby.

Ausblick auf die nun beginnende Kapitelfolge

Wir wenden uns – ohne etwa den Problemkreis "Poesie" *versus* Prosa" auch nur halbwegs erschöpfend "abgehandelt" zu haben – in den folgenden Kapiteln einer Reihe von Gedichten sehr unterschiedlichen Zuschnitts zu.

Es wird auffallen, daß wir bei der Auswahl unserer Textbeispiele und der zum Weiterstudium empfohlenen Vergleichstexte romantischen und Renaissance-Gedichten überwiegend den Vorzug gegeben haben. Die Begründung dafür fällt nicht schwer und darf freimütig gegeben werden: Es handelt sich um die beiden wohl fruchtbarsten Epochen der im ganzen sehr fruchtbaren Produktionsgeschichte von Lyrik in englischer Sprache.

Daraus kann aber selbstverständlich nicht geschlossen werden, daß wir die Hervorbringungen des klassizistisch geprägten 18. und des spätromantisch gefärbten 19. Jahrhunderts etwa gering einschätzen dürfen, oder aber die Leistungen unseres eigenen Jahrhunderts, in dem gerade von angelsächsischen Dichtern (etwa von Ezra Pound, T. S. Eliot, William Butler Yeats, Robert Frost) stärkste Impulse für die Weltliteratur ausgegangen sind. Wir hoffen, daß auch diese Epochen einigermaßen zu ihrem Recht kommen werden.

Manch ein Literaturpädagoge geht allerdings statt von "klassischen" Texten prinzipiell lieber – wenn nicht gar ausschließlich – von zeitgenössischem Anschauungsmaterial aus. Dabei kann er sich dann sogar auf die amtlich verordnete Geschichtslosigkeit so mancher bundesrepublikanischer Lehrpläne berufen. Wenn wir diese Prioritätensetzung nicht mitmachen, so sehen wir eine Rechtfertigung für unsere Akzentsetzung zugunsten der Historizität des zeitüberdauernden KULTURERBES in zwei Gründen gegeben: Erstens wird man beim lehrenden Umgang mit Gedichten immer wieder die Erfahrung machen, daß, wer ältere "klassische" Gedichte verstehen gelernt hat, in der Regel weniger Schwierigkeiten mit dem Verstehen der Dichtkunstwerke der Zeitgenossen hat, als derjenige sie mit dem Verstehen der Klassiker hat, der in umgekehrter Reihenfolge sich einliest. Und zweitens halten wir es für wichtig, daß angesichts der seit Shakespeare praktisch vier Jahrhunderte umfassenden Herstellungsgeschichte englischer Poesie nicht der Eindruck erweckt wird, als könne die Produktion unserer eigenen Zeitgenossen – bei aller notwendigen Aufgeschlossenheit für deren Bemühen sei's einmal gesagt – die Leistungen der drei vorausgegangenen Jahrhunderte aufwiegen oder gar überbieten.

Kein Gedicht ist für den Tag geschrieben. Wenn Dichtung für den einzelnen und die Gesellschaft einen Wert haben und behalten soll, ist die Aneignung der kulturellen Hinterlassenschaft der großen künstlerischen Produktionsepochen nicht nur ein pflichtgemäßes Bemühen für den Literaturpädagogen, sondern zugleich und vor allem ein großes und privilegierendes Angebot für jedermann[7].

---

[7] Eine solche Schwerpunktsetzung ermangelt nicht berufener Fürsprecher. Wie Hans-Georg Gadamer (*Wahrheit und Methode*, Tübingen, 1960) davon ausgeht, daß es für das Verstehen in den Geisteswissenschaften unabdingbar ist, von der Überlieferung angesprochen worden zu sein, so bekennt sich Rolf Geißler in seiner Standortbestimmung der Literaturdidaktik – unter ausdrücklicher Berufung auf Gadamer – zur "Ausbildung des historischen Sinnes" als einer der wichtigsten Aufgaben bei der Bemühung um Dichtung. Er wirbt für ein Sichöffnen gegenüber der literarischen Vergangenheitsproduktion, gerade weil "die Einsicht in die Geschichtlichkeit des Menschen . . . eine 'subversive' Macht gegen etablierte Normen, Denk- und Geschmacksurteile" sein könne. Vgl. *Prolegomena zu einer Theorie der Literaturdidaktik: Bestandsaufnahme – Kritik – Neuansatz* (Hannover, 1970), S. 21 und 85.

2. Was bedeutet ein poetischer Text? Analyse von Gedichtübersetzungen als Zugang zur Strukturanalyse (Wordsworths *"A slumber did my spirit seal"*)

Um die nicht ganz einfache Frage, was ein poetischer Text bedeute, anhand eines anschaulichen Beispiels zu beleuchten, beginnen wir mit einem zumindest auf den ersten Blick leicht verständlich anmutenden Kurzgedicht, das der Romantiker William Wordsworth (1770–1850) während seines Reiseaufenthalts in Goslar im bitterkalten Winter des Jahres 1798/1799 verfaßt hat: *"A slumber did my spirit seal"*. Es ist in den Werkausgaben des Dichters seither meist innerhalb einer Gruppe von fünf sogenannten *"Lucy Poems"* veröffentlicht worden. Wer Lucy war, weiß allerdings keiner.

Am besten wäre es, wenn man sein eigenes erstes – und insofern notwendigerweise vorläufiges – Verstehen dieser acht Verse stichwortartig notieren würde, ehe man dann die Protokollnotiz eines anderen Verstehensprozesses – denn eine solche "Protokollnotiz" ist eine Textübersetzung ja doch immer auch – zur Kenntnis nimmt. Welche "Bedeutung" liest man selber aus Wordsworths Text heraus? Oder, anders ausgedrückt, was "passiert" dem eigenen Erstverständnis nach in den beiden Gedichtstrophen? Und auf welche Textbefunde (d. h. Beobachtungen zu irgendwelchen Eigentümlichkeiten des Gedichttexts) stützt sich dabei die eigene Lesung im einzelnen?

Das Gedicht ist nicht so einfach zu verstehen, wie das auf den ersten Blick scheint

Der trügerische Ersteindruck einer einleuchtenden Unkompliziertheit verflüchtigt sich schnell. Wordsworths "most sublime epitaph" (erhabenster Grabspruch) – so des Dichters Zeitgenosse Coleridge über das Gedicht seines persönlichen Freunds, kurz nach

A slumber did my spirit seal;
I had no human fears:
She seemed a thing that could not feel
The touch of earthly years.

No motion has she now, no force;
She neither hears nor sees;
Rolled round in earth's diurnal course,
With rocks, and stones, and trees.

William Wordsworth

der Entstehung des Texts – hat es “in sich”.[1] Wie wenig selbstverständlich das Verstehen dieser beiden Vierzeilerstrophen sein kann, zeigt sich vollends, wenn man – gleichsam als Kontrastfolie für den eigenen ersten Verstehensprozeß – nun die erste Probe aus unserer kleinen Auswahl von zu betrachtenden deutschen Übersetzungsbemühungen analysiert. Es handelt sich sozusagen um das Protokoll der Lesung des Gedichts durch den Dichter und Übersetzer Georg von der Vring (1889–1968):

Lucy

Ein Schlummer bannte meinen Geist
  Als wär ich Kummers bar;
Da sah ich sie, die nie mehr reist
  Durch unser Erdenjahr:

Sie war ohn Regung und ohn Kraft,
  Ohn Hören und ohn Schaun,
Vom Drehn der Erde mitgerafft
  Wie Fels und Stein und Baum.[2]

---

[1] Aus der zu diesem Gedicht reichlich vorliegenden Sekundärliteratur seien herausgegriffen: Cleanth Brooks und R. P. Warren, *Understanding Poetry* (New York, 3. Aufl. 1960), S. 377–380; dort wird die von Laura Riding und Robert Graves in ihrem *Pamphlet against Anthologies* (New York, 1928), S. 128 f., mit verschmitztem Scharfsinn angebotene “logikgemäßere” Umarbeitung des Texts präsentiert. – Cleanth Brooks sieht in dem Gedicht bitterste Ironie und eine tiefe Verzweiflung des Sprechers nach dem Tod der Geliebten, vgl. “Irony as a Principle of Structure”, in *Literary Opinion in America*, hrsg. von M. D. Zabel (New York, 2. Aufl. 1951), S. 736. – F. W. Bateson entdeckt in der Totenklage dagegen versöhnliche, ja triumphierende Klänge: *English Poetry: A Critical Introduction* (Oxford, 1950), S. 30 und 80–81. – A. P. Rossitter, “Ambivalence: The Dialectic of the Histories“, in *Angel with Horns* (London, 1961), S. 48. – Stephen Prickett, *Coleridge and Wordsworth* (London, 1970), S. 126. – Vgl. auch E. D. Hirsch, *Validity in Interpretation* (New Haven, 1967), S. 229.

[2] Aus Georg von der Vring, *Englisch Horn: Anthologie angelsächsischer Lyrik* (Köln, 1953), S. 91.

Dieser Text wurde von seinem Hersteller durchaus als Übersetzung präsentiert, d. h. nicht etwa als eine IMITATION oder als VARIATION ÜBER EIN THEMA.[3] Was an der Version Georgs von der Vring als erstes auffällt, ist, daß sie das Textgefüge des Originals offensichtlich durch eine Häufung von Eingriffen verändert, die sich im einzelnen bald als technische Fehlleistung des Übersetzers herausstellen:

– Die Version verzerrt die "poetische Syntax", d. h. das Geflecht von direkten und indirekten (verschlüsselten oder übertragenen) Aussagen, durch Neuschaffung zweier Vergleichsverhältnisse ("*Als wär ich* Kummers bar" anstelle von "*I had* no human fears"; "*Wie* Fels und Stein und Baum" statt "*With* rocks, and stones, and trees").
– Sie verfälscht die Konkretheit des Ausdrucks (das unverbindliche *Reisen* durch unser Erdenjahr anstelle des "*feel* the *touch* of earthly years"; das aus Reimgründen gewählte, wegen seiner Sensenmann-Anklänge unpassende "mitgerafft" statt der präzisen Bildvorstellung in Wordsworths Zeile 7).
– Sie läßt die Zeitformen des Verbums unberücksichtigt ("*could* not feel", "*has* she *now*").
– Sie ignoriert schließlich das strukturelle Aufeinanderbezogensein der Bauelemente in den beiden antithetischen Gedichthälften (*my* und *she* in identischen Verspositionen jeweils in den Zeilen 1 und 5; die Vergangenheitsformen *did, had, seemed, could* in der Anfangsstrophe im Kontrast zum *now* und den Gegenwartsformen *has, hears, sees* in der Schlußstrophe; *earthly years* und *earth's diurnal course* deutlich aufeinander bezogen).

Soweit ein erstes Inventarisieren der Unterschiede zwischen der Aussagestruktur der Übersetzung und der des Originals. Solch eine Übersetzungsanalyse ist immer bereits eine Analyse der Bedeutungsstruktur des Originals. Das im Blick auf die gegebene Vorlage mithin

---

[3] Den bei einer "Imitation" oder Nachdichtung unverhältnismäßig größeren Freiheitsraum für den Bearbeiter veranschaulicht etwa Surreys "*Set me whereas the Sun doth parch the green" (BACP* 274). Dieses frühe englische Sonett ahmt ein Petrarca-Sonett nach ("*Pommi ove' l sole occide i fiori e l' erba*", Nr. 130), welches seinerseits die Aussagestruktur einer Horaz-Ode imitiert ("*Pone me pigris ubi nulla campis . . .*", 1:22). Als eine "Variation über ein Thema" mit unbeschränkt zunahmefähigem Freiheitsspielraum läßt sich Yeats' *When You Are Old (BACP* 286) ins Auge fassen: vgl. dazu Ronsards Vorlage "*Quand vous serez bien vieille, au soir, à la chandelle" (À Hélène)* sowie die Variation dieser Vorlage durch W. M. Thackerays expandiertes Erzählgedicht *Ronsard to His Mistress.* Vgl. hierzu unsere Ausführungen unten, S. 38.

fast schon unsinnig zu nennende Resultat des "Verstehensprozesses" Georgs von der Vring wird von ihm durch die Einfügung eines Doppelpunktes zwischen den beiden Strophen pointiert: Dies rundet das Protokoll seines Verstehens ab. Von der Vrings Strophe 2 dient nämlich der Detaillierung einer an das Balladenmotiv von *Sweet William's Ghost* erinnernden melodramatischen Schlummervision, die in Strophe 1 ("*Da* sah ich sie ...") eröffnet wurde. Das Erzählschema einer solchen Vision hat in der europäischen Lyrik eine eigene Tradition: Der Gedichtsprecher sieht im Traum den verstorbenen Liebespartner – sei's am Fuß seines Betts stehend, sei's irgendwo sonst – stets mit bedeutsamer Botschaft für den Lebenden.

Die Schlummervision als tradiertes Erzählschema

Ein kleiner Exkurs zum Motiv der VISION DER TOTEN GELIEBTEN: Um eine Vorstellung von der Spannweite der Möglichkeiten dieses Motivs zu bekommen, betrachte man etwa John Miltons Sonett "*Methought I saw my late espousèd saint*" (Sonett Nr. 23, in dem dem Dichter seine nach der Geburt seines Kindes gestorbene Frau erscheint, sowie die klassische Vorbildpassage bei Properz (4:7): "The dead have being: death is not the term of everything, and the lurid shadow escapes from the defeated faggot. Yes, methought I saw Cynthia resting on my bed, Cynthia who was but lately laid in earth at the roadside of the roaring thoroughfare. ... She had the same hair in which she was carried out to the grave, the same eyes; her side was clothed in a half-charred garment, and the fire had gnawed at the familiar beryl on her finger, and the water of Lethe had tarnished the surface of her lips ..." (Übs. J. S. Phillimore).

Protokolliert die Übersetzung ein "richtiges" Verstehen?

Georg von der Vring hat ganz offenbar just ein solches Erzählschema aus dem Wordsworth-Text "herausgelesen". Man wird sich seine Übersetzung in einer zweisprachigen Gedichtsammlung, Seite an Seite mit dem Original, nur schwer vorstellen können. Wenn man auch nachvollziehen kann, welche eigenen Bildungsreminiszenzen und Vorerwartungen von der Vring als Leser dazu gebracht haben, so zu übersetzen, bleibt die Frage akut: Hat ein Leser das Recht, dieses "Herauslesen" eines Textsinns, wie es der Übersetzer

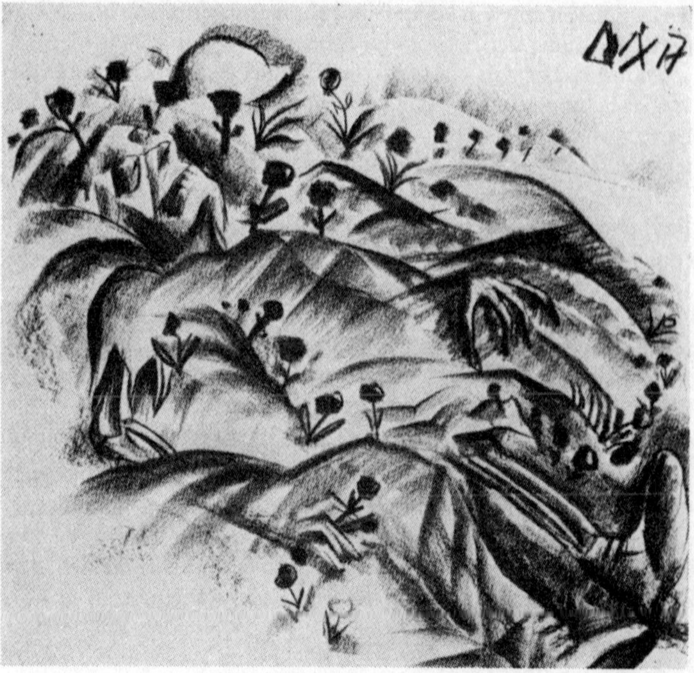

Otto Dix, *Grab* (1917).

für uns in seiner Version als einer doch wohl genau gedachten Aufzeichnung seines Verstehensprozesses protokolliert hat, als "richtige" Lesung zu bewerten? Ist diese Lesung das, was das Gedicht von Wordsworth bedeutet? Oder, anders gefragt, wo verläuft die Grenzziehung zwischen einem "richtigen" und einem "falschen" Verstehen eines gegebenen poetischen Texts? Darf man hinsichtlich des Textsinns im gegebenen Fall eine Wahlfreiheit ansetzen? Jede Lesung wäre dann so gut wie jede andere. Oder muß man sogar die Annahme gelten lassen, der kleine Text von Wordsworth enthalte wie ein Vexierbild mehrere Bedeutungen, die im nichtpoetischen Bereich einander eigentlich logisch ausschließen müßten? Ein solcher Sachverhalt ist uns aus der bildenden Kunst geläufig. Man denke z. B. an die Trickbilder und die konstruktivistischen Metamorphose-Bilder der Arcimboldi-Schule in der Barockmalerei.

Wenn man sich als ein modernes Beispiel solcher Trickkunst die Kreidezeichnung *Grab* (1917) von Otto Dix[4] ansieht (s. Abb.), wird man zugeben müssen, daß die "Bedeutung" dieses Kunstwerks nur dann voll realisiert werden kann, wenn beim "Lesen", d. h. im Prozeß des Verstehens, im Bild simultan eine Blumenlandschaft *und* die Darstellung eines liegenden menschlichen Körpers "verstanden" werden. Der *shock of recognition* beim Betrachten des Bilds entspricht dann dem Bewegungsverlauf in Rimbauds *Le Dormeur du val,* wo die Idylle der kleinen Talwiese plötzlich preisgibt, daß der friedvolle Schläfer ein toter Soldat ist. Der Schock tritt präzise in dem Moment ein, wo die paradoxe Simultaneität beider Verstehensmöglichkeiten sinnfällig "begriffen", d. h. voll bewußt gemacht wird.

Auch die Versdichtung kennt diesen Kunsteffekt. Man denke z. B. an Sir Walter Raleighs *trick poem,* das sowohl waagerecht als auch senkrecht gelesen werden kann und soll (s. S. 87). Ist nun Wordsworths Klagegedicht ein solcher Trick-Text, der uns neben der Freiheit, zwischen denkbaren Bedeutungen des Texts zu wählen, den Zwang auferlegt, mehr als eine Bedeutung zu wählen?

Die Übersetzung von Hans Hennecke

Bevor wir ein Zwischenurteil wagen, sehen wir uns ein weiteres Verstehensprotokoll an, wie es uns in der Übersetzung des gleichen Texts durch Hans Hennecke vorliegt:

Mein Geist versank in tiefen Schlaf

Mein Geist versank in tiefen Schlaf
Fern allem Menschenleid;
Er schien ein Ding, das niemals traf
Der Hauch der Erdenzeit.

---

[4] Aus Otto Dix, *Protokolle der Hölle,* ed. Hans Kinkel (Frankfurt, 1968), S. 36.

Nicht Regung kennt er nun noch Kraft,
Gesicht nicht noch Gehör;
Kreist in der Erde Wanderschaft
Mit Fels und Baum und Meer.[5]

In dieser Version scheint den soeben zusammengetragenen, in der Übersetzungspraxis allerdings gängigen Fehlertypen eine weitere Kategorie beigesteuert worden zu sein: Das Personalpronomen *she* ist irrtümlich auf *spirit* bezogen worden – wohl mit dem Gedanken an Überreste des grammatischen Geschlechts im Neuenglischen. (Immerhin handelt es sich um das einzige der *Lucy Poems*, in dem der Name des Mädchens nicht genannt ist.) Gegenüber diesem "Betriebsunfall" verblaßt die Bedeutsamkeit der Fehlübersetzung *versank* (inchoativ, d. h. den Beginn eines Vorgangs bezeichnend) für *did seal* (sicher durativ, d. h. die Dauer des Zustands bis hin zu Lucys Tod bezeichnend). Für das Abweichen vom Original in der Schlußzeile entschied sich der Übersetzer bewußt und aufgrund eigener Geschmackskriterien: "weil 'rocks' und 'stones' (trotz der Klangsuggestion im Englischen) zu banal und tautologisch erscheinen."[6]

Liegt bei Henneckes Version, die aus dem Text – ganz im Unterschied zur Lesung von der Vrings – ein Trauern des Dichters über den eigenen (abgestorbenen oder absterbenden) Dichtergeist herausliest, wirklich ein "Irrtum", ein "Betriebsunfall" des verstehenden (hier also: mißverstehenden) Übersetzers als eines Lesers vor? Hennecke selbst sah dies so. Er gab einmal gesprächsweise zu (drei Jahrzehnte nach Veröffentlichung seiner Übersetzung, in einem Heidelberger Seminarkreis), den Kontext der Lucy-Gruppe nicht gekannt und daher "leider ganz irriger Weise" *she* auf *spirit* bezogen zu haben.

Wäre, wenn schon die Version von der Vrings eindeutig eine Fehllesung zu nennen ist, diejenige Henneckes nun eine "richtige" Lesung des Originals, falls jemand nachweisen könnte, daß Wordsworth in der Tat gelegentlich das Pronomen *she* für *spirit* verwendet hat? Man kann dies. Hans Hennecke hätte jedenfalls weniger kleinlaut reagieren dürfen. Er hätte unter anderem auch auf die

---

[5] Aus Hans Hennecke, *Englische Gedichte von Shakespeare bis W. B. Yeats* (Berlin, 1938), S. 81.

[6] Hans Hennecke, *Gedichte von Shakespeare bis Ezra Pound* (Wiesbaden, 1955), S. 16.

Verdeutschungen zweier seiner Kollegen verweisen können (was Übersetzer allerdings grundsätzlich selten oder nie tun).

Walter Schmiele ist in seiner Version elf Jahre nach Hennecke ganz genauso wie dieser verfahren:

In Schlaf mein Geist versiegelt hing;
Ich war von Ängsten frei;
Es schien, er ließ als fühllos Ding
Der Jahre Strich vorbei.

Nicht Regung spürt er nun noch Zwang,
Hört nicht, sieht keinen Schein,
Rollt durch der Erde Tagnachtgang
Mit Fels und Baum und Stein.[7]

Aber schon vierzehn Jahre vor Hennecke hatte Georg Brandes *she* gleichermaßen als Bezug auf *spirit* gelesen:

Ein Schlummer deckte meinen Geist,
  Samt allem Menschenleid;
Nicht fühlt er, wie vorüberkreist
  Der Erdenjahre Zeit.

Nun stört ihn nichts, er blickt nicht auf,
  Liegt still grad wie im Traum,
Und schwingt sich nur im Erdumlauf
  Mit Fels und Stein und Baum.[8]

Es handelt sich dennoch vielleicht nicht nur um ein Übersetzerkomplott. Man sollte einmal, um diesen Verdacht zu entkräften und um das Übertragen von Poesie als alltägliche Quadratur des Zirkels praktisch zu erfahren, aus den Fehlleistungen und Unbeholfenheiten vorliegender Übersetzungen eine Lehre ziehend, eine eigene poetische Verdeutschung des Originals versuchen.[9] Dabei müßte

[7] *Englische Dichtung Deutsch* (Darmstadt, 1949), S. 65.

[8] *Hauptströmungen der Literatur des 19. Jahrhunderts,* Bd. 2, Teil 4 (Berlin, 1924), S. 270.

[9] Auf zwei Lösungsvorschläge, die bedeutungstreuer sind als die bislang erwähnten, sei hier nur verwiesen: Hans Feist, *Ewiges England: Dichtung aus Sieben Jahrhunderten von Chaucer bis Eliot* (Zürich, 1945), S. 389, und Wolfgang Breitwieser, *William Wordsworth – Samuel Taylor Coleridge* (Heidelberg, 1959), S. 24.

man sich auf Bildlichkeit, Stimmung und Gedankenentwicklung konzentrieren und auf eine Wiedergabe der exakten Zeilenfüllung (Silbenzahl) des Originals und seines Reimgefüges notfalls ganz oder weitgehend verzichten. So könnte man sich selbsttätig im heiklen Geschäft des *close reading* üben und Einsichten in Aussageweisen und Bedeutungsstrukturen poetischer Texte sammeln, ohne sich den Gefahren des üblichen vagen Drumherumredens über dichterische Gebilde auszusetzen.[10]

Lange nach den diversen Textlesungen der deutschen Übersetzer – und vermutlich ohne diese zu kennen – trug ein respektabler englischer Literaturwissenschaftler mit einigem Theaterdonner die Lesung "she = spirit" als seine große Neuentdeckung vor, abgesichert durch einen vergleichsweise gewaltigen philologischen Forschungsaufwand.[11] Seine "Beweisführung" (die sich vor allem auf biographische, sprachliche und überlieferungsgeschichtliche Argumente stützt) braucht hier nicht im einzelnen zu interessieren. Was jener interpretatorische Kraftakt zeitigte, war nicht, daß die "neue" Lesung zwingend ist, wohl aber, daß sie nicht völlig unmöglich zu sein scheint.

Steht das Übersetzer-Trio Hennecke/Brandes/Schmiele nun rehabilitiert da? Sicher nicht. Ein Fehlverstehen des Texts bleibt hier der Vorwurf. Ihre *spirit*-Lesung dürfte zumindest den Makel der zu

[10] Zum Verfahren der kontrastiven Analyse von Gedichtübersetzungen als eines Zugangs zur Strukturanalyse sind eine Anzahl brauchbarer Vorschläge gemacht worden: Erich Hock, "Ein Weg zum Stilverständnis: Vergleich von Original und Nachdichtung", *Die Neueren Sprachen*, 3 (1954), 458–466; Edgar Neis, "Über das Nachgestalten englischer Lyrik", *Die Neueren Sprachen*, 9 (1960), 589–598; Wolfgang Schmidt-Hidding, "Methoden der Interpretation englischer Gedichte", *Die Neueren Sprachen*, 11 (1962), 193–206; Gerhard Müller-Schwefe, "Der Vergleich von Original und Übersetzung als Interpretationshilfe", in *Einführung in die Gedichtinterpretation: Schlüssel zur englischen Lyrik* (Dortmund, 1969), S. 84–110; Rudolf Haas, "'Close reading' als Experiment vor einer deutschen Übersetzungsfolie", in *Theorie und Praxis der Interpretation: Modellanalysen englischer und amerikanischer Texte* (Berlin, 1977), S. 70–76. – Besonders interessant ist die von Müller-Schwefe untersuchte Serie von englischen Versionen von Goethes *Wandrers Nachtlied*, von dem eine freie Nachahmung durch George Meredith, *Dirge in Woods*, auch in *BACP* (107) enthalten ist.

[11] Hugh Sykes Davies, "Another New Poem by Wordsworth", *Essays in Criticism*, 15 (1965), 135–161.

geringen Plausibilität behalten. Als Gedichtleser müssen wir stets mit einer gewissen Verunsicherung leben. Eine so hilfreich klärende Auffassung wie die von Monroe K. Beardsley – "If two presentations of the same aesthetic object have incompatible characteristics, at least one of them is illusory . . ."[12] – wird man im gegebenen Fall um so dankbarer zu unterschreiben bereit sein.

Grundsätzlich aber wird man oft genug dem amerikanischen Philosophen Max Black recht geben müssen, der (in einem unveröffentlichten Vortrag über "Ambiguity and the Literary Work" und ebenfalls mit Bezug auf *"A slumber did my spirit seal")* gegen die Auffassung vom willkommenen Entweder/Oder seine beunruhigende These von der RADIKALEN AMBIGUITÄT (d. h. einer "bis zu den Wurzeln" gehenden Mehrdeutigkeit) einiger der bedeutendsten Sprachkunstwerke stellt:

"... many literary works, and among them some of the most interesting, display *radical ambiguity*, in a sense ... that in the case of such literary works even the best qualified reader may be faced with a choice between irreconcilable and conflicting meanings."

---

[12] *Aesthetics*, (New York, 1958), S. 48. – E. D. Hirsch bekennt sich in seinem weitverbreiteten Werk über das "Was" poetischer Aussagestrukturen auch im Blick auf das erörterte Wordsworth-Gedicht zu einer solchen Entweder/Oder-Auffassung: "No amount of manipulation can reconcile these divergent emphases, since one pattern of emphasis irrevocably excludes other patterns, and, since emphasis is always crucial to meaning, the two constructions of meaning rigorously exclude one another." *Validity in Interpretation* (New Haven, 1967), S. 229. In der unter dem Titel *Prinzipien der Interpretation* von Adelaide Anne Späth übersetzten deutschen Ausgabe (München, 1972) auf S. 284.

3. Schwierigkeiten des Lesens in Shakespeares hundertdreißigstem Sonett

Als man dem Philosophen G. E. Moore einmal einen seiner frühen Aussprüche zur Kommentierung vorlegte, soll er ausgerufen haben: "Did I say that? How extraordinary! What on earth could I have meant?" Der Dichter T. S. Eliot antwortete weniger verwirrt auf die Frage eines Lesers, was er denn mit dem Passus X in seinem Gedicht Y gemeint habe: "I meant exactly what I said". William Shakespeare hat sich wohl nie analog geäußert. An uns ist es also herauszubekommen, was er mit einem jeden seiner 154 Sonette seinen Lesern sagen will.

Bevor wir uns unser neues Gedichtbeispiel anschauen, dürfen wir – auch um uns sachte ein wenig von der Melancholie der acht Wordsworth-Zeilen zu erholen – zwei vexierbildhafte Prosapassagen über je eine Frauengestalt betrachten. Die erste Passage gilt noch einmal Wordsworths *she*.

1. Vexierbild: Das Rätsel der toten Lucy endlich gelöst?

If Lucy was the kind of person not obscurely portrayed in the poem; if Wordsworth had murdered her, either by cutting her throat or smothering her, in concert, perhaps, with his friends Southey and Coleridge; and if he had thus found himself released from an engagement which had become irksome to him, or possibly from the threat of an action for breach of promise, then there is not a syllable in the poem with which he crowns his crime that is not alive with meaning. On any other supposition to the general reader it is unintelligible.[1]

2. Vexierbild: Eine aus dem Leben gegriffene Schönheit

Zuleika was not strictly beautiful. Her eyes were a trifle large, and their lashes longer than they need have been. An anarchy of small curls was her chevelure, a dark upland of misrule, every hair asserting its rights over a not discreditable brow. For the rest, her features were not at all original. They seemed to have been derived rather from a gallimaufry of familiar models. From Madame la Marquise de Saint-Ouen came the shapely tilt of the nose.

[1] Aus Samuel Butler, *Essays on Life, Art and Science* (London, 1904).

My mistress' eyes are nothing like the sun;
Coral is far more red than her lips' red;
If snow be white, why then her breasts are dun;
If hairs be wires, black wires grow on her head.
I have seen roses damasked, red and white,
But no such roses see I in her cheeks,
And in some perfumes is there more delight
Than in the breath that from my mistress reeks.
I love to hear her speak, yet well I know,
That music hath a far more pleasing sound.
I grant I never saw a goddess go;
My mistress when she walks treads on the ground.
  And yet by heaven I think my love as rare
  As any she belied with false compare.

William Shakespeare

The mouth was a mere replica of Cupid's bow, lacquered scarlet and strung with the littlest pearls. No apple-tree, no wall of peaches, had not been robbed, nor any Tyrian rose-garden, for the glory of Miss Dobson's cheeks. Her neck was imitation-marble. Her hands and feet were of very mean proportions. She had no waist to speak of.[2]

Was diesen beiden Texten ihren besonderen „Pfiff" gibt, was gewissermaßen ihre „Pokergesichtigkeit" ausmacht, die den Leser anfangs einigermaßen verunsichert, das ist offenbar das Jonglieren mit den durcheinandergewirbelten Elementen des Behauptens und des Verneinens.

Um eben ein solches Jonglieren scheint es in Shakespeares Sonett Nr. 130, *"My mistress' eyes are nothing like the sun"*, zu gehen.

Zum Vergleich:

Sir Max Beerbohms oben wiedergegebene Beschreibung seiner jungen Schönen wird von William Empson in *Seven Types of Ambiguity* als Modellfall für die *ambiguity* seines Typs Nr. 6 diskutiert: "An ambiguity . . . occurs when a statement says nothing, by tautology, by contradiction, or by irrelevant statements; so that the reader is forced to invent statements of his own and they are liable to conflict with one another."[3] Empsons komplette Erörterung des Porträts der schönen Zuleika Dobson liefert einen vorzüglichen Einstieg ins Verstehen der Beschreibungstechnik in Shakespeares Sonett 130.

Wer sich um das Verstehen dieses Sonetts bemüht, muß zuallererst zur Kenntnis nehmen, daß das Gedicht in ganz erheblichem Maß Ähnlichkeiten aufweist mit gewissen früheren Gedichten. Die Kenntnisnahme von diesen Ähnlichkeiten ist nicht etwas Belangloses, sondern eine der gleichsam in den Text eingebauten Verstehensvoraussetzungen. Es handelt sich um Gedichte, in denen der Sprecher – nach dem Vorgang von Salomos Preislied auf seine "Freundin" – die Vorzüge einer Dame einen nach dem andern aufzählt, um auf diese Weise einen idealen SCHÖNHEITSKATALOG für Weiblichkeit schlechthin zu entwickeln. Salomos vorbildhafter Text (*Hoheslied,* 4: 1–5) detailliert Augen, Haare, Zähne, Lippen, Stimme, Stirn, Nacken und Brüste der Geliebten als Teilstücke eines Kompositbildes, für das die Schriftgelehrten sehr viel später den Ausdruck "Blazon" wählten.

[2] Aus dem zweiten Kapitel des Romans *Zuleika Dobson: or an Oxford Love Story* (London, 1911) von Sir Max Beerbohm. In der Penguin-Ausgabe des Romans (1952 u. ö.) S. 12 f.

[3] *Seven Types of Ambiguity* (2. Aufl., Harmondsworth, 1961: Peregrine Edition), S. 176: Zu Beginn des 6. Kapitels.

Was ist ein Blazon?

Der Begriff BLAZON (eigentlich "Wappenschild") kommt aus der Heraldik und bezeichnet dort die Beschreibung der bildlichen Teilstücke eines Wappens. In der Dichtkunst steht das Wort seit der Renaissance-Zeit für eine katalogartige Abhandlung oder Inventarliste von Körperteilen, Detailschönheiten und sonstigen Persönlichkeitsvorzügen der geliebten Dame, die allerdings normalerweise in den allervorteilhaftesten Farben geschildert werden.

Der altjüdische Casanova versieht jedes Detail seines Blazons mit speziellen Vergleichsbezügen, die der Erfahrungswirklichkeit seines kleinasiatischen Hirtenlebens entlehnt sind. Zwei weitere englische Renaissance-Fassungen des von Salomo entwickelten Verfahrensschemas sowie eine deutsche Version (Watson, Griffin, Greflinger) werden unten gegeben (S. 44 f.).

Verstehen durch Vergleichen: Eine Serie von Vergleichsaufgaben

Um einen Text zu verstehen, bedarf es oft genug der Hineinnahme anderer Texte in den Verstehensprozeß. Man darf dies als eine Faustregel für den Textinterpreten betrachten, die das Lern- und Leseverhalten bestimmen sollte. Den allerdings sehr variablen Dringlichkeitsgrad solcher Vorbedingungen des Verstehens muß man im Einzelfall testen.

Man könnte zunächst das Sonett *Vow to Love Faithfully Howsoever He Be Rewarded* (*BACP* 274) des Earl of Surrey (1517–1547) lesen und es mit dem Petrarca-Sonett vergleichen, dem der englische Höfling seinen Text nachbildete, sowie mit dem Horaz-Text, nach dem wiederum Petrarca gearbeitet hatte (s. oben Kap. 2, Anm. 3). Keiner dieser Liebesschwüre ist originell. Surrey ahmt vielmehr genauso unverhohlen Petrarca nach, wie dieser in der Horaz-Passage ein für jedermann erkennbares Vorbild gewählt hatte. Genauso wichtig ist eine solche Erkenntnis im Fall des visitenkarten-ähnlichen Songs, mit dem in John Gays *Beggar's Opera* (1728) der leichtlebige Captain Macheath sich in Polly Peachums Herz einschmeichelt, um sich gleichzeitig in seinem ersten Auftritt dem Theaterpublikum mit seiner Beteuerung unverbrüchlicher Liebe schillernd einzuprägen. ("Were I laid on Greenland's Coast ...", Act 1, Scene 13.)

Man könnte ferner W. B. Yeats' Gedicht *When You Are Old* (*BACP* 286) mit dem Sonett *"Quand vous serez bien vieille"* des adligen Abtes Pierre de Ronsard (1524–1585) vergleichen – ferner mit der ziemlich orginalgetreuen Übersetzung dieses Sonetts durch Andrew Lang (1844–1912), sowie mit dem 1896 veröffentlichten Text von W. M. Thackeray (1811–1863), *Ronsard to His Mistress.*

Man könnte sich darauf einigen, Surreys Sonett eine IMITATION zu nennen – eine "Nachahmung", d. h. eine Bemühung um eine Umsetzung des Vorbilds in die eigene Ausdruckssprache. Und Yeats' *When You Are Old* darf als KONTRAFAKTUR gelten (als eine "Gegen-Verfertigung", d. h. eine Nachdichtung unter ganz bewußter Ersetzung wichtiger Inhalte des Originals, des Vorbild- oder Ausgangstexts). Davon zu unterscheiden sind poetische PARODIEN, d. h. "Gegengesänge": also verzerrende oder übertreibende Kontrafakturen: z. B. Ogden Nashs *The Beggar* (*BACP* 306), der William Blakes Gedicht *The Tyger* (*BACP* 235) parodiert, und die beiden Gedichte Lewis Carrolls aus *Alice in Wonderland: "How doth the little crocodile"* (*BACP* 319) und *"You are old, Father William"* (*BACP* 319 f.). Hierzu vgl. das 1715 in den *Divine Songs Attempted in Easy Language for the Use of Children* erschienene Bienengedichtchen *Against Idleness and Mischief* des betulichen Kirchenlied-Dichters Isaac Watts (1674–1748) sowie das nicht minder erbauliche Dialog-Gedicht *The Old Man's Comforts and How He Gained Them* von Robert Southey (1774–1843). Die heute längst vergessenen "Vorbilder" für Carrolls unsterbliche Meisterwerke des Nonsense sind in Martin Gardners *Annotated Alice* (Penguin) bequem zugänglich (s. Kap. 2 und 5).

Man könnte schließlich – und dies wäre dann sicherlich die schwierigste Vergleichsaufgabe unserer Serie – des Renaissance-Aristokraten Sir Philip Sidney (1554–1586) Liebes- und Programmgedicht *"Loving in truth"* (*BACP* 130) mit dem zweiten der beiden religiösen *Jordan*-Gedichte des anglikanischen Geistlichen George Herbert (1593–1633) aus *The Temple* (1633)[4] und dem *Song Without Words* des populären amerikanischen Chanson-Sängers und Bestseller-Lyrikers Rod McKuen[5] vergleichen. Da das Sidney-Gedicht gleich in zweien der folgenden Kapitel Hauptgegenstand unserer Erörterung sein wird, empfiehlt sich der (zugegeben: nicht geringe) Aufwand, die folgenden beiden "Imitationen" vorbereitend auf die Gemeinsamkeiten ihrer paradoxen Grundaussagen zu befragen, um sie danach beide zusammen mit ihrer gemeinsamen "Vorlage" zu vergleichen, jenem in analoger Weise paradox sich "entwickelnden" Sidney-Sonett Nr. 1, das unten (S. 57) abgedruckt ist.

Jordan

When first my lines of heav'nly joyes made mention,
Such was their lustre, they did so excell,
That I sought out quaint words, and trim invention;
My thoughts began to burnish, sprout, and swell,
Curling with metaphors a plain intention,
Decking the sense, as if it were to sell.

---

4 George Herbert, *The Temple* (1633), S. 95 (repr. Menston, 1968).
5 Rod McKuen, *Listen to the Warm* (London, 1968), S. 86.

Thousands of notions in my brain did runne,
Off'ring their service, if I were not sped:
I often blotted what I had begunne;
This was not quick enough, and that was dead.
Nothing could seem too rich to clothe the sunne,
Much lesse those joyes which trample on his head.

As flames do work and winde, when they ascend,
So did I weave my self into the sense.
But while I bustled, I might heare a friend
Whisper, *How wide is all this long pretence!*
There is in love a sweetnesse readie penn'd:
Copie out onely that, and save expense.

George Herbert

Song Without Words

I wanted to write you some words you'd remember
words so alert they'd leap from the paper
and crawl up your shoulder and lie by your ears
and be there to comfort you down through the years.
But it was cloudy that day and I was lazy
and so I stayed in bed just thinking about it.

I wanted to write you and tell you that maybe
love songs from lovers are unnecessary.
We are what we feel and writing it down
seems foolish sometimes without vocal sound.
But I spent the day drinking coffee, smoking cigarettes
and looking in the mirror practicing my smile.

I wanted to write you one last, long love song
that said what I feel one final time.
Not comparing your eyes and mouth to the stars
but telling you only how like yourself you are.
But by the time I thought of it, found a pen,
put the pen to ink, the ink to paper,
you were gone.

And so, this song has no words.

Rod McKuen

Petrarkismus als Verstehenshintergrund

Kehren wir zu Shakespeares Sonett 130 zurück. Die spezifische Aussageweise des Texts setzt als Verstehenshintergrund nicht so sehr die Kenntnis eines bestimmten "Blazon"-Gedichts voraus wie eine Vertrautheit mit dem Kontext des PETRARKISMUS im allgemeinen, der die gesamteuropäische Liebeslyrik im Zeitalter der Renaissance und des Humanismus bis weit ins 17. Jahrhundert hinein als eine internationale Stilform in der Nachfolge seines Stifters Francesco Petrarca (1304–1374) geprägt hat.[6] (Die Petrarca-Imitation des Aristokraten Surrey ist ein sprechender Beweis für die Verbindlichkeit der Tradition im 16. Jahrhundert; der scheppernde Petrarca-Nachklang im höchst unglaubhaften Treueschwur des Pseudo-Aristokraten und Straßenräubers Macheath ist ein Indiz für die Diskreditierung dieser Konvention im 18. Jahrhundert.)

Thematik und Ausdrucksmittel des Petrarkismus

Das beherrschende Thema petrarkistischer Dichtkunst ist die existentielle Erfahrung des Liebens. Eine systematische Spiritualisierung von Liebe und Erotik verbindet sich mit subtilem Psychologisieren, durch welches die bald in Mode kommenden Sonettsequenzen zu einem Medium der "Erforschung und Analyse komplexer intellektueller, emotionaler und ethischer Probleme"[7] werden können. Im Brennpunkt poetischer Bemühungen des Petrarkisten steht der Lobpreis der geliebten Person. Da deren Schönheit sowohl im körperlichen wie im geistig-seelischen Bezug von schlechthin unübertrefflicher Vollkommenheit ist, bedarf jeder Versuch, sie zu

---

[6] Hierzu vor allem L. E. Pearson, "Petrarchism in Elizabethan England", in *Elizabethan Love Conventions* (New York, 1933); E. H. Wilkins, "A General Survey of Renaissance Petrarchism", *Comparative Literature*, 2 (1950), 327–342; M. Praz, "Petrarch in England", in *The Flaming Heart* (New York, 1958), S. 264–286; D. L. Peterson, *The English Lyric from Wyatt to Donne* (New Jersey, 1967); L. Forster, *The Icy Fire: Five Studies in European Petrarchism* (Cambridge, 1969), dt. Ausgabe u. d. T. *Das eiskalte Feuer*, übers. von Jörg-Ulrich Fechner (Kronberg/Taunus, 1976); G. Hoffmeister, *Petrarkistische Lyrik* (Stuttgart, 1973).

[7] Wolfgang Weiss, *Die elisabethanische Lyrik* (Darmstadt, 1976), S. 86.

beschreiben, superlativischer Ausdrucksmittel. Der Liebende bemüht sich um kraftvoll akzentuierende Vergleiche und BILDVORSTELLUNGEN. Er bedient sich der MYTHOLOGISCHEN ANSPIELUNG und stellt die Schönheit der Angebeteten als höchste Zielvollendung der Naturwelt hin.

Petrarkistisches Mythologisieren

Für das petrarkistische Mythologisieren liefert Petrarcas Sonett *Erano i capei d'oro a l'aura sparsi* (*Canzoniere,* Nr. 69) das klassische Muster: "Die goldnen Locken flatterten im Winde, ... Ihr Schreiten war kein sterbliches, ... die Worte, sie klangen nicht wie Menschenmund entflogen ... Ein Himmels=Geist, ein Stern=Bild stand am Orte, wo ich Sie sah ..." (Übs. Benno Geiger). Diese wunderträchtige Vision des entzückten Dichters von seiner Laura weist deutlich auf die Erscheinung der Venus in der *Aeneis* zurück (I: 319–20, 327–28, 405) – während der gesamten Renaissance-Epoche eine der geliebtesten Episoden der epischen Dichtung überhaupt.[8]

Als ultimative Vollendung der Naturwelt stellt der Sprecher in Thomas Carews *"Ask me no more where Jove bestows"* (*BACP* 89) seine Geliebte dar. Vgl. auch Sir Henry Wottons Huldigungsgedicht an die zur Geliebten stilisierte Fürstin Elizabeth Stuart, die Gemahlin des "Winterkönigs" (*BACP* 89).

Der Liebende ergeht sich in pointierten Antithesen und geistvollen Virtuositäten einer grazilen Überbietungskunst. Er kultiviert für die Schilderung der Schönheit seiner Göttin raffinierte Hyperbeln, oder er spricht ihr sogar kosmische Wirkungskraft zu.

Als eine HYPERBEL (gr. *hyperbolé,* "Darüberhinauswerfen, Übermaß") bezeichnet man den stilistischen Kunstgriff, mit dem eine Charakterisierung in eine faktisch unmögliche – extrem vergrößernde oder verkleinernde – Dimension transportiert wird. Vgl. die ironische Aufnahme dieses Übersteigerungsverfahrens bei den Zeitangaben in Andrew Marvells *To His Coy Mistress* (s. unten S. 120).

Zum Topos der KOSMISCHEN WIRKUNGSKRAFT DER GELIEBTEN vgl. die poetische Gleichung "eyes = lights that do mislead the morn" bei Shakespeare (*BACP* 81); Myras Augen in Sir Fulke Grevilles Gedicht *"The world, that all contains, is ever moving"* (*BACP* 79 f.), wo sie universale Schlüssel-

---

[8] Dazu David Kalstone, "Sir Philip Sidney: The Petrarchan Vision", in *Elizabethan Poetry: Modern Essays in Criticism,* hrsg. von Paul J. Alpers (New York, 1967), S. 190–192. – Vgl. auch A. W. Trueman, "Sonnet 130 and *The Aeneid*", *Shakespeare Quarterly,* 25 (1974), 129–130.

bedeutung entfalten; und die "ladies, whose bright eyes / Rain influence" in John Miltons *L'Allegro*, Zeilen 121 f. (*BACP* 186).

Die raffinierte Wirkung eines ironischen Wörtlichnehmens derartiger vorgestanzter Bildvorstellungen läßt sich gut in der zweiten Strophe von John Donnes *The Canonization* (s. unten S. 90) beobachten.

Die Verfestigung des Schönheitskatalogs

Der salomonische SCHÖNHEITSKATALOG hat im Blazon-Gedicht des Petrarkismus bereits im 15. Jahrhundert seine formelhafte Verfestigung gefunden. Barnabe Rich (1540?–1617) faßt die konventionelle Handhabung des Katalogs zu einer leicht erlernbaren Rezeptur zusammen:

> If he [i. e. the poet] be learned, and that he be able to write a verse, then his penne must plie to paint his maistresse prayse; she must then be a *Pallas* for her witte, a *Diana* for her chastitie, a *Venus* for her face, then she shall be praysed by proportion: first her Haires are wires of golde, her Cheekes are made of Lilies and red Roses, her Browes be arches, her eyes Saphires, her looks lightnings, her mouth Corall . . .[9]

Ein Vergleich von Petrarcas elegant ziselierender Handhabung der Aufzählung in seinem Sonett *Quel sempre acerbo et onorato giorno* –

> Das Haupt von Fein=Gold, warmem Schnee die Wangen,
> Die Wimpern Ebenholz, die Augen Sterne,
> Von denen ausgeht all das große Wähnen;
>
> Die Lippen perlen=rot, von denen gerne
> Die glühend=schönen Schmerzens=Laute hangen,
> Die Seufzer Flammen und Kristall die Tränen.[10]

– mit einem besonders schematischen unter seinen zahllosen Imitatoren, etwa dem deutschen Barockpoeten Georg Greflinger (ca. 1620–1677), läßt die dieser Konventionalisierung von Anfang an innewohnende Gefahr des Erstarrens und eines Umkippens ins unfreiwillig Komische deutlich erkennen:

---

[9] Zitiert bei L. C. John, *The Elizabethan Sonnet Sequences* (New York, 1938), S. 140. – Vgl. auch W. Mulertt, *Literarische Frauen-Idealbilder vor und in der italienischen Renaissance* (Hamburg, 1941).

[10] Übersetzt von Benno Geiger, aus Francesco Petrarca, *Das lyrische Werk* (Darmstadt, 1958), S. 246.

Gelbe Haare: güldne Stricke,
Taubenaugen: Sonnenblicke,
schönes Mündlein von Korallen,
Zähnlein, die wie Perlen fallen;

lieblichs Zünglein in dem Sprachen,
süßes Zürnen, süßes Lachen,
schnee- und lilgenweiße Wangen,
die voll roter Rosen hangen;

weißes Hälslein gleich den Schwanen,
Ärmlein, die mich recht gemahnen
wie ein Schnee, der frisch gefallen,
Brüstlein wie zween Zuckerballen:

lebensvoller Alabaster,
große Feindin aller Laster,
frommer Herzen schöner Spiegel,
aller Freiheit güldner Zügel,

Ausbund aller schönen Jugend,
Aufenthaltung aller Tugend,
Hofstatt aller edlen Sitten:
Ihr habt mir mein Herz bestritten!

Qualitätsvergleiche

Wer diese Verse *An eine vortreffliche, schöne und tugendbegabte Jungfrau* liest, wird sich vor die Frage gestellt sehen, wie man einen wertenden Vergleich zwischen diesem Gedicht und Shakespeares Sonett 130, der sich aufdrängt, objektivierend begründet. Die Antworten werden nicht schwerfallen.

Zu einem Qualitätsvergleich mit Shakespeare bieten sich ferner an: des Neulateiners Thomas Watson (1557?–1592) Sonett Nr. 7 ("Harke you that list to hear what saint I serve . . .") aus *Hecatompathia, or Passionate Century of Love* (1582); und Bartholomew Griffins (†1602) Sonett Nr. 39 ("My lady's hair is threads of beaten gold . . .") aus *Fidessa, More Chaste than Kind* (1596):

Harke you that list to heare what sainte I serue:
Her yellowe lockes exceede the beaten goulde;
Her sparkeling eies in heau'n a place deserue;
Her forehead high and faire of comely moulde;
  Her words are musicke all of siluer sounde;
  Her wit so sharpe as like can scarse be found:
Each eybrowe hanges like Iris in the skies;
Her Eagles nose is straight of stately frame;

On either cheeke a Rose and Lillie lies;
Her breath is sweete perfume, or hollie flame;
  Her lips more red than any Corall stone;
  Her necke more white, then aged Swans that mone;
Her brest transparent is, like Christall rocke;
Her fingers long, fit for Apolloes Lute;
Her slipper such as Momus dare not mocke;
Her vertues all so great as make me mute:
  What other partes she hath I neede not say,
  Whose face alone is cause of my decaye.

My lady's hair is threads of beaten gold,
Her front the purest crystal eye hath seen,
Her eyes the brightest stars the heavens hold,
Her cheeks red roses such as seld have been;
Her pretty lips of red vermilion dye,
Her hand of ivory the purest white,
Her blush Aurora or the morning sky,
Her breast displays two silver fountains bright,
The spheres her voice, her grace the Graces three;
Her body is the saint that I adore;
Her smiles and favours sweet as honey be;
Her feet fair Thetis praiseth evermore.
  But ah, the worst and last is yet behind,
  For of a griffon doth she bear the mind.

Wem dies dann noch nicht genügt, dem seien empfohlen: das Gedicht *"Crin d'oro crespo e d' ambra tersa e pura"* (*Rime*, Nr. 5) von Pietro Bembo (1470–1547), dem hochgelehrten Freund der verrufenen Lucrezia Borgia; das Gedicht *Mentre la sua donna si pettina* ("Onde dorate, e l' onde eran capelli") des Giambattista Marino (1569–1625), des neapolitanischen Humanisten in Diensten der Maria de' Medicis zu Paris, nach dem das italienische Literaturbarock "Marinismus" genannt wird; und zwei Texte des blumig schwelgenden kaiserlichen Kammerrats Christian Hofmann von Hofmannswaldau (1617–1679), des Hauptes der sogenannten zweiten Schlesischen Schule der deutschen Barockdichtung: *Lob-Rede an das liebwertheste Frauen-Zimmer* und *Streit der schwartzen Augen, rothen Lippen und weissen Brüste.*

La belle Charite
M. Van Lochom fecit

Antipetrarkismus

Ein Teil der späteren petrarkistischen Tradition birgt folglich, wie sollte es anders sein, Keime eines ANTIPETRARKISMUS, der sich aus der Ablehnung des Überkünstelten speisen konnte, aber auch aus frühbürgerlicher Aristokratiefeindlichkeit ebenso wie aus der mittelalterlichen Geringschätzung der Frau als Verkörperung des *amor sensuale* (d. h. der lediglich sinnlichen Liebe). Der Antipetrarkist treibt Gefühlsklischees und vorgegebene Ausdrucksmuster auf die lächerliche Spitze der Hyperbolik oder unterwandert sie, indem er die abgenutzte Schönfärberei in die ernüchternde Wörtlichkeit umkippen läßt. Die Angebetete wird dabei entweder als nie dagewesene Übertrumpfung des gängigen petrarkistischen Frauenlobs in den Himmel gehoben oder auch – weil sie dem idealisierten Katalog als Person von Fleisch und Blut zum Glück nicht entsprechen kann – auf die Füße gestellt. Das pfiffige Gemälde, das der Künstler Anselme in Charles Sorels antipetrarkistischem Roman *Le berger extravagant* (1629) aufgrund einer petrarkistischen Charakterisierung der Schönen "werkgetreu" anfertigt, führt das verwundbar Preziöse der Konvention durch maliziöses Wörtlichnehmen vor und *ad absurdum.* Der satirische Kupferstich von M. van Lochem nach Crispin de Passe (s. Abb.) buchstabiert aufs Humorigste ein Detail nach dem andern aus, so wie sie von Shakespeare katalogisiert worden waren, von den Sonnenaugen über Wangenrosen und Brauenbogen bis zum unvermeidbaren Drahthaar.[11]

Die Unbeschreibbarkeit der Geliebten und die schwarze Schönheit

In Shakespeares Sonett 130 lehnt es der Gedichtsprecher Punkt für Punkt ab, das petrarkistische Programm eines stereotypen Schönheitskatalogs, das er Punkt für Punkt repetiert, auf seine ganz einmalige Geliebte anzuwenden, weil sie ja in Wirklichkeit die

---

[11] Nach Leonard Forster, *The Icy Fire: Five Studies in European Petrarchism* (Cambridge, 1969). Vgl. den dort wiedergegebenen französischen Kommentar zu dem Kupferstich von der "schönen Charité", S. XI–XII, sowie J. H. Whitfield, "La belle Charité", *Italian Studies,* 18 (1963), 33 ff. – Stephen Booth bildet in seiner Ausgabe von Shakespeares Sonetten (New Haven, 1977), S. 453, einen etwas vergröberten Nachstich aus *The Extravagant Shepherd* (1654) ab.

Schönheit ist, zu der jede andere erst mit Hilfe lügnerischer Kunstgriffe – durch *false compare* – umgefälscht werden müßte. Er zwingt den Leser, sich eigene Gedanken über das Äußere der Dame zu machen. Indem er keinen neuen Vergleichskatalog anstelle des alten anbietet, verwirklicht er indirekt den petrarkistischen Gedanken der UNBESCHREIBBARKEIT der Schönheit der Geliebten. Und er ist somit auch Petrarkist, nur ein besserer. Zumindest jedoch beläßt er sein Verhältnis zum Petrarkismus aufs sorgfältigste in der Schwebe. Indem er statt einer goldblonden Strahlenpracht (wie sie der konventionelle Geschmackskanon fordert) die SCHWARZE SCHÖNHEIT seiner Dame hervorhebt, mag er den Leser zunächst einmal als höchst originell beeindrucken. Seine Geliebte erhält den Anstrich eines wirklich glaubhaften Vorhandenseins, den Charakter einer Frau von Fleisch und Blut. Dennoch hat der Gedichtsprecher damit zugleich einen überaus traditionsreichen Gemeinplatz berührt. Er nimmt teil am immer schon unwiderstehlichen Faszinationsstrang BLACK IS BEAUTIFUL.

Black is beautiful

Auch die Tradition des SCHÖNHEITSIDEALS DER SCHWÄRZE[12] kann man literarisch auf den Wüstenkönig Salomo zurückführen. Er läßt seine Dame sagen "Ich bin schwarz, aber gar lieblich . . ." (*Hoheslied,* 1 : 5). Die Tradition verläuft über Tasso, Ronsard und Milton bis zu Baudelaire. Eines der Schaustücke im *Musaeum Clausum* des schriftstellernden Arztes Sir Thomas Browne (1605–1682), in jenem imaginären Museum verschollener oder phantastischer Kunstraritäten, ist "a fair English Lady drawn *Al Negro,* or in the Aethiopian hue excelling the original White and Red Beauty, with this Subscription, *Sed quandam volo nocte Nigriorem*" ("I yearn for one that is darker than night").[13] Zu erwähnen wäre auch das schwarze Erscheinungsbild der Melancholie in Miltons *Il Penseroso* (*BACP* 187 f.).

1665 erschien posthum ein philosophisch spröd befrachtetes Sonett von Edward Herbert, Baron Herbert of Cherbury (1583–1648), mit der Anfangszeile "Black Beauty, which above that common light . . .". Cherbury war Bruder des Dichters George Herbert. Er gilt als "Vater des englischen Deismus". Er stand den "Cambridge Platonists" nahe, besuchte im Jahr vor

[12] Zum ideengeschichtlichen Hintergrund des antipetrarkistischen Schönheitsideals der Schwärze vgl. Max J. Wolff, "Petrarkismus und Antipetrarkismus in Shakespeares Sonetten", *Englische Studien,* 49 (1915/1916), 161–189; J. U. Fechner, *Der Antipetrarkismus* (Heidelberg, 1966).

[13] Vgl. Sir Thomas Browne, *Works,* hrsg. von G. Keynes (London, 1964), Bd. 3, S. 115.

seinem Tode in Frankreich den Philosophen Gassendi und wurde von Descartes hochgeschätzt. Diese biographischen Einzelheiten können auf die Aura der philosophischen Spekulativität verweisen, die dieser elitären Traditionslinie nonkonformistischen Dichtens durchweg zu eigen ist.

Shakespeares "Dark Lady": Erlebnis oder Erzeugnis?

Der positivistisch arbeitende Philologe Max J. Wolff hat 1915 gemeint, über Shakespeares tausendfach umrätselte und zur Legende gewordene "Dark Lady of the Sonnets" ein abschließendes Urteil fällen zu dürfen: "... mit ihrem schwarzen äußeren und ihrer noch schwärzeren seele ist sie ein konstruiertes gegenbild des petrarkistischen ideals, kein erlebnis, sondern ... nur ein erzeugnis der antipetrarkistischen richtung."[14]

Ganz anders nimmt sich die Schwarze Dame in der wildzuckenden Phantasiebeleuchtung aus, in die sie Anthony Burgess in seinem üppig fabulierenden Shakespeare-Roman *Nothing Like the Sun: A Story of Shakespeare's Love-Life* (1966) stellt: "She looked not diseased, only her golden flesh seemed changed to an iron-colour. Her breasts sagged, her belly pouted, her hair was a tangle of wires, here and there a tooth was gone ..."

Bereits 1881 hatte in Deutschland ein Shakespeare-Forscher namens Jordan in der Gestalt der Dame Shakespeares eine Negerin aus dem Hafen- und Bordellviertel Londons identifizieren zu können geglaubt. Muß zwischen solchen Auffassungen gewählt werden?

Was bedeutet die Muse dem Sprecher Shakespeares?

Was die Schöne als Muse dem Sprecher in Shakespeares Sonett 130 bedeutet, ist wohl weder die bloße Chance, die petrarkistische Konvention kurzerhand der Lächerlichkeit preiszugeben, noch auch die bloße Chance, über das Aussehen oder gar über den Charakter einer (mit einem womöglich aus Liebe und Haß gemischten Gefühl) begehrten Frau auf deren Kosten sich zu amüsieren. Insofern muß die Lesung des Gedichts als einer rein literarischen Satire[15] gewiß ebenso zu kurz greifen wie diejenige, nach der es in erster Linie in der Renaissance-Tradition der burlesk-pornographischen Weiberschelte angesiedelt ist.[16] Vielmehr sind die beiden scheinbar ausein-

[14] Wolff, a. a. O., S. 186.

[15] So etwa Patrick Crutwell, *The Shakespearean Moment and Its Place in the Poetry of the 17th Century* (New York, 1960), S. 18–19.

[16] Auf diese durchaus einschlägige Tradition verweist John M. Steadman in seinem gewichtigen kleinen Beitrag "Shakespeare's Sonnet 130 and Aretino's *Ragionamenti*", *Notes and Queries*, 13 (1966), 134–135.

anderstrebenden Aussagerichtungen des Texts – realistisch-objektive Herabwürdigung im Vergleich *und* ultimativ übersteigerter subjektiver Lobpreis der Geliebten mittels Ablehnung jeglichen Vergleichens – ebenbürtige Konstituenten einer Gesamtaussage des Gedichts, dessen raffinierter Reiz eben gerade aus diesem spannungsreichen Gegeneinander erwächst. Der Unterschied zwischen einer dynamischen Bedeutungsoffenheit, wie sie uns in Shakespeares Sonett meisterlich gegeben ist, und einem nur einsträngigen, geschlossenen Textsinn ist beträchtlich.

Vergleich vorliegender Übersetzungen

Nur im Maße dessen, wie ein Übersetzungsversuch bei diesem Text die heikel tarierte Strukturambivalenz des Originals in die Zielsprache herüberzu"retten" versteht, wird man ihm Erfolgsaussichten bei solcher fast aussichtslosen Mühewaltung einräumen wollen. Demgegenüber dürfte sich die Wiedergabeproblematik des Draht-Bildes in Zeile 4 als verhältnismäßig minimal ausnehmen, wo doch der Witz des Originals darauf beruht, daß für den Renaissance-Leser der Vergleich des Frauenhaars mit (goldenem) Draht als ein eingängiges Kompliment, nicht als hintersinnige Inkongruenz empfunden wurde. Zu prüfen wären unter diesen Gesichtspunkten u. a. die Verdeutschungen des Sonetts von Gottlob Regis (1836), F. A. Gelbcke (1867), Stefan George (1909) und Karl Kraus (1933).[17]

Zwei ganz andere "Dark Lady"-Gedichte

Die *differentia specifica* zwischen Bedeutungsoffenheit und "geschlossenem" Textsinn läßt sich recht gut an den beiden vom Gegenstand her eng benachbarten Texten demonstrieren, die unten (auf S. 52–54) wiedergegeben werden. Es sind verhältnismäßig unbekannte Texte, die in einer von John Donne dem Jüngeren (dem Sohn des gleichnamigen Dichters) herausgegebenen Sammlung nachgelassener Gedichte des William Herbert, Earl of Pembroke

[17] Vgl. hierzu Raimund Borgmeier, *Shakespeares Sonett* "When forty winters . . ." *und die deutschen Übersetzer: Untersuchungen zu den Problemen der Shakespeareübertragung* (München, 1970), S. 110–115. – Nach der Veröffentlichung von Borgmeiers Untersuchungen ist mit der zweisprachigen Gesamtausgabe der Shakespeare-Sonette von Hanno Helbling (Zürich, 1983) eine zumindest auf absehbare Zeit wohl unüberbietbar gelungene Übertragung von Nr. 130 erschienen.

(1580–1630) im Jahre 1660 gedruckt wurden.[18] Diesen lebenszugewandten Grafen und Großmagnaten hält wiederum manch ein Shakespeare-Forscher für just denjenigen "Mr. W. H.", der in der vielumrätselten Widmung der – mutmaßlich als Raubdruck herausgebrachten – Sonettausgabe von 1609 zum "onlie begetter of these insuing sonnets" erklärt worden war (vgl. das Faksimile jener Widmung, *BACP* 135). Wer gerne spekuliert, wird in den beiden Gedichten mehr als nur eine unbestimmte Korrespondenz mit dem Bilde der "Dark Lady of the Sonnets" festzustellen wünschen. Das erste Gedicht, *"On black Hair and Eyes"*, wurde von John Donne Jr. vermittels eines über den Text gesetzten großen "R"s einem gewissen Sir Benjamin Ruddier oder Rudyerd (1572–1658) zugeschrieben, der als Parlamentsabgeordneter und Verwaltungsbeamter in Diensten Pembrokes stand und von dem überliefert ist, daß er eine Anzahl von – wahrscheinlich kommissionierten – Antwortgedichten auf Texte Pembrokes verfaßt hat, zu dessen Verherrlichung diese Gesellschaftsspiele später publiziert wurden. Das Zweite, *"In praise of his Mistris IRONICE"*, schrieb der Herausgeber dem Grafen Pembroke selber zu. Beide Texte tendieren ein wenig zum Obszönen hin (was wohl ihre Vernachlässigung durch die Shakespeare-Forschung mitverursacht hat). Beide detaillieren ganz ähnlich wie Shakespeares Sonett 130 die Vorzüge einer dunklen Schönen im Verfahren der petrarkistischen Blazon-Technik, die sie jedoch grotesk parodieren. In hartem Kontrast zur urbanen Subtilität Shakespeares schmähen sie ihre Dame mit unverhüllt zynischer Unverschämtheit. Dabei betont der Niedriggestellte "R" zugleich in maliziöser Betulichkeit, daß er sich persönlich nicht zu den intimen Kennern der Reize der Dame rechnen dürfe – als ob mithin der andere, "P", sein Dienstherr, auf dessen Gedicht er ja mit dem seinen antwortet, derjenige wäre, dem die jetzt auch moralisch angeschwärzte Dame als Maitresse angehört hätte. Solches indessen wirft der Sprecher der Shakespeare-Sonette seiner von ihm bis zur blinden Hörigkeit eines *odi et amo*-Verhältnisses[19] angebeteten Ungetreuen in vielen der

[18] *Poems, Written by the Right Honorable William Earl of Pembroke . . . Whereof Many of which are answered by way of Repartee, by Sr Benjamin Ruddier, Knight* (London, 1660).

[19] *Odi et amo:* Epigramm von Catull (*Carmina*, 85): "Warum ich hasse und liebe, wirst du vielleicht mich fragen. / Da ich das selber nicht weiß, muß ich es fühlen und – büß!" (Übs. Georg Dorminger).

R.

On black Hair and Eyes.

If shadows be the Pictures Excellence,
And make them seem more lively to the sence;
If stars in the bright day are lost from sight,
And seem most glorious in the mask of Night;
Why would you think (rare Creature) that you lack
Perfection, cause your hair and eyes are black;
Or that your heavenly beauty that exceeds
The new-sprung Lillies in their Maiden-heads.
The damask colour of your cheeks and lips,
Should suffer by their darkness an Eclips:
Rich Diamonds shine brightest being set,
And compassed within a Foyle of Jet:
Nor was it fit that Nature should have made
So bright a sun to shine without some shade:
It seems that Nature when she first did fancy
Your rare composure, studied *Negromancy*,
That when to you this gift she did impart,
She used altogether the black Art;
By which infused Power from Magick took,
You do command all spirits with a look;
She drew those Magick Circles in your eyes,
And made your hair the Chain wherewith she tyes
Rebelling hearts; those blew veins which appear
Winding *Meanders* about either Sphere
Mysterious Figures are; and when you list
Your voice commandeth as the Exorcist.

Oh if in Magick you have power so far,
Vouchsafe me to be your Familiar.
Nor hath Dame Nature her black Art reveal'd
To outwards parts alone, some lie conceal'd:
For as by heads of Springs men often know
The nature of the streams that run below;
So your black hair and eyes do give direction,
To think the rest to be of that complexion;
That rest where all rest lies that blesseth man,
That Indian Mine, that Streight of *Magilon*;
That world-dividing Gulf, where he that venters
With swelling sails, and ravisht sences, enters
To a new world of bliss. Pardon I pray,
If my rude Muse presumeth to display
Secrets unknown, or hath her bounds o're past
In praising sweetness, which I never did taste:
Starv'd men do know there's meat, & blind men may
Though hid from light, presume there is a day.
The Rover in the mark his arrow sticks
Sometimes, as well as he that shoots at pricks:
And if that I might aim my shaft aright,
The black mark I would hit, and not the white.

P.

In praise of his Mistris IRONICE.

My Mistris hath a precious Eye,
But that alas, it looks awry;
And like the Silver is her Hair,
But it is Nitty every where;
And for a Brow, as black as Jet,
But it is greasie all with swet:
As for her Nose, O dainty Bill!
But it is ever dropping still:
And for her Lips, both fair & smooth,
But slavers like a Landress Booth;
And not a Tooth within her head,
But like a Pearl unpolished:
As for her Tongue, without compare,
It never talks but out of square.
And for her Chin, O pretty chap,
But that it hath a woolly Nap!
As for her Neck, both fair and white,
But carries not the head aright.
And for her Brests, both full and soft,
But that it hath been milcht too oft.
As for her belly, and her back,
Acquainted how to bear a pack.
And for the best, that is untold,
Alas, it hath been bought and sold.
As for her Thighs, good flesh and fat,
But rough and furred like a Cat.
And for her Feet, and for her Toes,
If that you do not stop your Nose,
The scent will teach your patience,
She is all sweet, Sir-reverence.

Sonette immer aufs neue vor: daß sie, die "woman coloured ill" (Son. 144), ihren verruchtesten Treubruch ausgerechnet mit jenem hochgestellten "man right fair" perpetuiert habe, der als der geliebte junge Freund die Hauptperson in dem vertrackten Dreiecks-Psychodrama des Zyklus ist. So gelesen ergäben die beiden Texte von "R" und "P" zusammen mit Shakespeares Sonett 130 ein aufs Merkwürdigste zusammenpassendes Dreigespann, das einer mehr historisch-biographischen Betrachtungsweise Gelegenheiten für noch mancherlei Nachdenken bietet.[20]

---

[20] Vgl. hierzu Horst Meller, "An Emblematic Background for Shakespeare's Sonnet No. 116 – And More Light on Mr. W. H.", *Archiv für das Studium der neueren Sprachen und Literaturen,* 217 (1980), 39–61.

4. Was bedeutet die Muse dem Sternenfreund in Sidneys erstem Sonett?

Mit dem Sonett *"Loving in truth, and fain in verse my love to show"* eröffnet Sir Philip Sidney (1554–1586), einer der glänzendsten Vertreter der glanzvollen Hofkultur unter der Königin Elisabeth I., seinen Sonettenkranz *Astrophel and Stella* (d. i. der "Sternenfreund" und sein "Stern"). Es handelt sich mithin um ein Liebesgedicht, das zugleich ein Leit- und Programmgedicht ist.

Das Gedicht ist nicht nur "Ergon", sondern auch "Energeia"

Ausgangspunkt ist die Feststellung einer treuen Liebe beim Dichter, der alsbald in den vierzehn Zeilen seines Gedichts seine eigene zwiefache Geschichte – als Liebender und als Schreibender – zu erzählen oder, besser gesagt, darzustellen beginnt. Der Leser soll diese Geschichte offenbar so lesen, als ereigne sie sich gerade im Moment seines Lesens. Das Gedicht erscheint dadurch als etwas Entstehendes statt als etwas zuvor Entstandenes. Es ist das, als was Wilhelm von Humboldt die menschliche Sprache überhaupt charakterisierte: *energeia* ("Inswerksetzung"), nicht *ergon* ("Werk"). Die mit dem prämissenhaften Partizip *Loving* begonnene Geschichte wird im Imperativ *write* ihr Ende finden. Mit eben jenem Ende aber wird dann zugleich der eigentliche Beginn des Sonettenkranzes gegeben sein: Das Schreiben von Liebessonetten unter dem Diktat des Imperativs der Muse.

Also nicht gerade ein einfacher Text. Aus der Eingangsgewißheit des liebenden Schreibers ("Loving *in truth*") ergibt sich in den ersten vier Zeilen mit einer merkwürdigen rhetorischen Zielstrebigkeit, auf deren Verfahrensstrategie wir noch im einzelnen im nächsten Kapitel eingehen werden, daß zur Verwirklichung – zur "Realisierung" – dieses behaupteten Gefühls eben auch das Schreiben gehört.

Loving in truth, and fain in verse my love to show,
That she, dear she, might take some pleasure of my pain, –
Pleasure might cause her read, reading might make her know,
Knowledge might pity win, and pity grace obtain, –
I sought fit words to paint the blackest face of woe;
Studying inventions fine, her wits to entertain,
Oft turning others' leaves, to see if thence would flow
Some fresh and fruitful showers upon my sun-burned brain.
But words came halting forth, wanting Invention's stay;
Invention, Nature's child, fled step-dame Study's blows,
And others' feet still seemed but strangers in my way.
Thus, great with child to speak, and helpless in my throes,
Biting my truant pen, beating myself for spite,
"Fool!" said my muse to me, "Look in thy heart and write!"

Sir Philip Sidney

Begriffsfelder konstituieren Struktur-Raster

Wie sehr diese beiden Tätigkeiten, das Lieben und das Dichten, voneinander abhängen, wie intensiv sie miteinander in Wechselbeziehung stehen, läßt sich leicht veranschaulichen, indem man sozusagen in den Text hinein – am besten auf einer transparenten Überlegfolie – mit rotem Filzstift zuerst alle Wörter, Begriffe und Wendungen des *Liebens* markiert:

Loving in truth – fain . . . my love to show (Liebe muß sich zeigen!) – *she, dear she* (das Ziel aller Liebe) – (her) *pleasure – my pain* – (her) *pleasure* – (her) *knowledge* (Erkennen des sich "realisierenden" Gefühls) – *pity* (Erbarmen mit dem vom Liebesschmerz Gepeinigten) – *grace* (Liebeserhörung: als Entsprechung himmlischer Gnade) – (my) *woe – my muse – thy heart.*

Danach kann man auf eine zweite Überlegfolie (die erste beiseitelegend) mit grünem Stift die Wörter, Begriffe und Wendungen des *Dichtens* eintragen:

verse – pain (nunmehr nicht nur der "Schmerz" des Liebenden sondern auch die "Arbeit" des Schreibenden) – *read/reading – know/knowledge* (nunmehr das durch Gedichtlesen zu übermittelnde Wissen) – *fit words to paint* ("malendes" Dichten, gemäß der Doktrin *Ut pictura poesis,* "Wie die Malerei so die Dichtung") – *studying inventions fine* (d. h. hier die "Kunstgriffe" des Schreibens) – *turning others' leaves* (die Lektüre des *poeta doctus,* des "gelehrten Dichters": vermutlich eine Lektüre von Liebespoesie der Alten) – *sun-burned brain* (nichts anderes offenbar als die "Sonne Homer" wird hier auf die Schippe genommen: sie kann den nachgeborenen Schreibenden nämlich auch zu stark bescheinen – und das in einem Zeitalter, in dem Sonnenbräunung als vulgär, weil unterschichtenspezifisch, galt!) – *words – Invention* (hier sicherlich in anderem Sinn als bei "inventions fine": wohl so etwas wie "Inspiration", "Genie" oder "dichterische Phantasie" o. ä. – die Schlüsselbegriffe variieren je nach Epoche –, aber personifiziert "in Szene gesetzt" als jemand, der die "humpelnd daherkommenden" Wörter stützt) – *Invention, Nature's child* (hier noch einmal die gleiche Person oder Personifikation, aber in ihrer Eigenschaft als Kind – nicht als Stiefkind – der Mutter Natur) – *step-dame Study* (die gelehrte Schulung des Dichters, personifiziert als autoritäre Stiefmutter) – *others' feet* (nicht nur die zum Stolpern in der Menschenmenge bringenden Füße von Fremdlingen, sondern auch die fremden Versfüße, die poetischen Metren und Metriken der vom liebenden – hier in "Alexandrinern" schreibenden! – Dichter als Vorbilder studierten Liebespoeten von einstmals) – *pen – my muse – write.*

Begriffsfelder als Signale der Textgliederung und als Schlüssel zum Sinn

Jetzt kann man die Buntfolien abwechselnd einzeln und gemeinsam auf den Text legen. Nicht zufällig ist, was ein solches genaues "Einfärben" der kontrastierenden und komplementären Textelemente preisgibt. Zuerst das Faktum der bemerkenswerten Häufung selbst. SCHLÜSSELWÖRTER erschließen Textbedeutung. (Baudelaire kannte ein Interpretationsrezept, das kaum je versagt: "Pour deviner l'âme d'un poète, ou du moins sa principale préoccupation, cherchons dans ses œuvres ... quels sont les mots qui s'y représentent avec le plus de fréquence. Le mot traduira l'obsession." – Schlüsselwörter, Felder von Schlüsselwörtern, verraten, wovon der Dichter besessen ist.)

Ferner gibt unser "Einfärben" das Faktum signifikanter (bedeutsamer) Verteilung in den einzelnen Segmenten (Textabschnitten) preis. Die Begriffsfelder signalisieren die Textaufteilung: Die Zeilen 1–4 (das erste QUARTETT) tragen das meiste Rot: Sie scheinen ausschließlich der Liebe gewidmet zu sein. Die Zeilen 5–13 heben sich klar ab: d. h. die Quartette Nr. 2 und 3 sowie die erste der beiden Schlußzeilen. (Beide Schlußzeilen zusammen pflegen HEROIC COUPLET genannt zu werden – "heroisch", weil Reimpaare oft im "Heldengesang", dem Epos, verwendet worden sind.) Dieses Segment des Texts steht eindeutig unter dem Zeichen der Farbe Grün, unter dem Zeichen von Dichtung. In der letzten Zeile tauchen dann wieder beide Farben zusammen auf. Bestimmte Wörter müssen mit allen beiden Farben ausgezeichnet werden: so etwa *pain* ("Liebesschmerz"/"Dichtermühe"), *know/knowledge* ("Liebeserkenntnis"/"Dichtungskenntnis"); vor allem aber *muse*.

Warum schreibt der Liebende?

Das Lieben und das Schreiben gehören für Sir Philip Sidney zusammen. Er ist zu recht der bis zum heutigen Tage berühmteste Poetologe (Dichtungswissenschaftler) der englischen Renaissance. (Seine 1595 gedruckte Prosaschrift *An Apology for Poetry* ist übrigens noch heute aktuell als ein Versuch, die Verteidigung der Dichtkunst anthropologisch, d. h. von einem Menschenbild her, zu begründen.) Der Liebende muß schreiben, wie schwer ihm das manchmal offenbar auch fällt (sofern man seinen Beteuerungen als Sprecher im vorliegenden Text Glauben schenken will). Es folgen komplizierte Schilderungen von allerlei Schwierigkeiten beim Ausführen des selbstverständlichen Schreibgebots, die ihrerseits auf Anhieb schwierig für uns zu lesen sind, weil sie mit vielerlei Gelehrsamkeit und versteckten Anspielungen überladen sind. Und weil man nicht so recht weiß, was mit den ebenso witzigen wie anschaulichen Bildern des Schwarz-Malens, des Blätterwendens, des erfrischenden Regenschauers nach der Hitze des Sonnenstichs, des Stolperns über die Füße anderer und schließlich der Geburtswehen des kreisenden Poeten "eigentlich" gemeint sein mag.

Poetische Bildlichkeit als "uneigentliche" Redeformen

Es handelt sich eben um "UNEIGENTLICHE" REDEFORMEN, d. h. um Wörter und Bildvorstellungen, die im Verstehensprozeß allesamt irgendwie umklungen werden von einem bald leiseren, bald lauteren "Mitausdruck des Gedankens" (Jean Paul). Ohne hier etwa eine Sprachregelung verfestigen zu wollen, können wir bei dieser Gelegenheit einige solcher "Uneigentlichkeiten" aus der Vielfalt POETISCHER BILDLICHKEIT (engl. *imagery*) herauszugreifen und zu etikettieren versuchen:

Der Begriff BILD (engl. *image*) ist der gemeinhin verbreitetste und zugleich vagste. Er würde in unserem Gedicht so unterschiedliche Textelemente bezeichnen können wie das "Herz" des Liebenden, in das dieser befehlsgemäß selber hineinblicken soll, und das "sonnenverbrannte Hirn", welches den Geisteszustand des lernenden Poeten charakterisiert, der allzu lang „unter der Sonne Homer“, d. h. unter dem Eindruck der Klassikerlektüre, gestanden hat. Sehr brauchbar ist ein solcher Begriff nicht.

Das "Herz" könnte auch SYMBOL (gr. *symbolon*, "Wahrzeichen") oder SINNBILD genannt werden. Ein Symbol war "urspr. in Griechenland Erkennungszeichen in Form eines in 2 Hälften gebrochenen Gegenstandes, den sich Vertragspartner, Gastfreunde und Eheleute vor e. Trennung teilten und bei späterem Zusammentreffen zur Wiedererkennung zusammenpaßten (griech. *symballein* = zusammenhalten), dann jeder auf etwas Höheres verweisende Vorgang oder Gegenstand, bes. traditionelle S. e. und Zeremonien religiös. Gemeinschaften, die nur dem Eingeweihten verständlich sind ... In der Dichtung e. sinnlich gegebenes und faßbares, bildkräftiges Zeichen, das über sich selbst hinaus als Offenbarung, veranschaulichend und verdeutlichend auf e. höheren, abstrakten Bereich verweist ..." – so definiert Gero von Wilpert in seinem *Sachwörterbuch der Literatur.*

Man wird das "Herz" des Dichters aber hier sicher ebensogut ein EMBLEM nennen können (gr. *emblema*, "Eingefügtes", "Einlegearbeit"), insofern es ein Sinnbild mit bestimmtem, eng umgrenzt abstraktem Sinngehalt ist – wie der Ölzweig für Frieden, die Palme für Beständigkeit usw. Jedoch empfiehlt es sich wohl, den Emblem-Begriff für speziellere Sachverhalte (s. unten, S. 83) freizuhalten.

Was in Sidneys Sonett gänzlich fehlt, ist ein ausgeführter VERGLEICH. Der Vergleich (engl. *simile*) ist gekennzeichnet durch das Vorhandensein einer sprachlichen Vergleichspartikel (Kopula), z. B. "wie" oder "so wie" (im Englischen *as* oder *like* o. ä.), durch welche eine Sache X zu einer anderen Sache Y in Bezug gebracht wird. Gedankliche Basis für diesen Bezug ist eine den beiden Vergleichsgegenständen gemeinsame Eigenschaft (oder eine Kombination solcher Eigenschaften), die man früher *tertium comparationis* (das "Dritte des Vergleichs") nannte und heute manchmal den "semantischen Mengendurchschnitt" o. ä.

Als eine METAPHER (gr. *metaphora*, "Übertragung") ließe sich das duldend geduldige Herz in Sidneys Gedicht allerdings wiederum sehr wohl ansprechen. Der Körperteilterminus meint doch das unsichtbare seelische Gefühl, das der Liebende eben traditionellerweise in Ermangelung eines Besseren in seinem vitalen Blutpumpmuskel angesiedelt wähnt.

(Spätestens jetzt wird man die grundsätzliche Fragwürdigkeit all dieser literaturkritischen Vokabeln und Begriffskonventionen einsehen. Aber sie tun ihren Dienst durchaus, wenn man ihnen nicht zuviel aufbürdet.)

Metaphern gelten als eine Art abgekürzter Vergleiche: Wörter oder Wortgruppen werden in der Metaphorik *ohne* formale Ausführung eines logischen Bezugs ("X ist so wie Y") "aus dem eigentlichen Bedeutungszusammenhang auf einen anderen, im entscheidenden Punkt vergleichbaren, doch ursprünglich fremden übertragen" (G. von Wilpert). Daher läßt sich bei der Metapher (wenn man z. B. die ganze Wendung "great with child ... and helpless in my throes" als eine einzige Metapher begreift) das SIGNIFICANS (lat. "das Bedeutende": hier der weibliche Zustand fortgeschrittener Schwangerschaft) vom SIGNIFICATUM ("das Bedeutete": hier der "trächtige" Seelenzustand des notvoll vor seiner "Entbindung" stehenden männlichen Gedichtsprechers) isoliert definieren. Manche Kritiker benennen die beiden Elemente einer Metapher auch anders, z. B. bezeichnet I. A. Richards das Significans gern als das VEHICLE (engl., aus d. lat. *vehiculum*, "Gefährt": also die Bildlichkeit der Geburtswehen, die den Sinn "transportiert") und das Significatum als den TENOR (engl., aus d. lat. *tenor*, "Fortgang", "Verlauf": also das, was das Bild "in übertragenem Sinn" bedeutet, was als Bedeutung vom "Fuhrwerk" transportiert wird).

Anläßlich unseres Sonetts von Sidney darf nun der Vollständigkeit halber gleich auch noch die ALLEGORIE besonders erwähnt werden (zu gr. *allegorein*,"anders, bildlich reden"). Dieser Begriff bezeichnet eine ausgeführte, bildhaft belebte Darstellung eines abstrakten Begriffs oder eines Gedankengangs, und Sidneys eingängige Allegorie "Invention, Nature's child, fled stepdame Study's blows ..." illustriert den Begriff ganz vorzüglich: "Rational klar faßbare und scharf abgegrenzte Vorstellungsinhalte werden bildlich eingekleidet ..." (wiederum G. von Wilpert). Sidneys drei Abstraktionen – die Einbildungskraft des Dichters, die Natur, das Studium der antiken Literatur – werden hier als durchaus handlungsfähige PERSONIFIKATIONEN in das allegorische Bild gesetzt.

Gerade beim Lesen von Renaissance-Gedichten ist das präzis entziffernde "Wahrnehmen" von allegorischen Bildverschlüsselungen oft genug Vorbedingung eines Textverstehens. Als Proben aufs Exempel betrachte man etwa die durchgezogenen szenischen Allegorien in Sidneys *Litany* (*BACP* 80 f.) und Draytons Sonett *"Since there's no help, come let us kiss and part"* (*BACP* 140). Ähnlich bleibt Shakespeares Sonett 66 bestenfalls halbverstanden, wenn der Leser die Serie von Abstraktionen, die dort Zeile um Zeile füllt, nicht als eine Art dramatischen Maskenzuges "realisiert". Daß aber auch spätere Dichtungsperioden die Fähigkeit eines allegorischen Dekodierens beim Leser voraussetzen, belegt etwa Shelleys schon oben (S. 18) erwähntes

Gedicht *"When the lamp is shattered"* (*BACP* 100), wo die Liebe mit ihrem wohlgebauten Nest Unergründliches treibt, solange man sie eben nicht im allegorischen Bild des geflügelten kleinen Eros visualisiert.

Die Wundererscheinung der "dea ex machina"

Kehren wir nach dieser fachterminologischen Pflichtübung (die getrost sehr niedrig gehängt werden darf) zu unserem Text zurück. An dessen Ende steht eine befreiende dramatische Wundererscheinung: Als *dea ex machina,* als göttliche Muse aus der verfahrenden Maschinerie der Schreibkunst-Problematik heraustretend, gibt die Angebetete, der doch als der Geliebten zugleich sämtliche Mühewaltung des Schreibers gilt, mit ruhig fester Stimme, mitten in den teilweise turbulenten Erzählungsgang hinein, in welchem sich das Gedicht quasi selber dichtet, ein Orakel von sich: "Fool! Look in thy heart and write!"

Nach dreizehn Zeilen schillernder Bildersprache und komplexer Sprachgebung tönt diese Aufforderung in ihrer souverän kommandierenden Einsilbigkeit um so lapidarer. Was bedeutet das Orakel nun im Gedichtverlauf, was be-deutet diese Muse dem Dichter und dem Leser?

Deutet die Muse dem Liebenden etwa an, er möge seine Bemühungen um eine raffinierte, an der Poesie der Alten sich anstrengend schulende Kunstfertigkeit besser aufstecken, statt dessen in sein Herz schauen und dann einfach schreiben so wie ihm der Schnabel gewachsen ist? Wäre das Orakel der Dame somit ein Richtspruch in einem Realismus-Streit der Renaissance: gegen den Formalismus gelehrter Dichtkunst und für eine wirklichkeits-, volks- und gefühlsnahe Urwüchsigkeit, für eine unverbildete *minimal art?*

Das Gliedern (Segmentieren) des Textes als Zugang zum Verstehen

Um die Antwort auf diese Fragen textnah und im Blick auf das Ganze des Texts herauszuarbeiten, sollte man den Erzählverlauf des Sonetts in seine Teilabschnitte zerlegen. Man sollte den Text SEGMENTIEREN (gliedern), um ihn beschreibbarer und lehrbarer zu machen.

Inzwischen können wir bereits mit zwei (im Zuge unserer "Begriffsfeldereinfärbung" sozusagen empirisch erarbeiteten) Fachausdrücken der Sonetttechnik operieren: Die 14 Zeilen lassen sich in 3 Quartette und ein *heroic couplet* gliedern. Dies immerhin ist bereits ein Anfang.

Eine augenfällige Besonderheit des vorliegenden Sonetts kann herausgestrichen werden: Die Anfangszeilen der 3 Quartette ergeben zusammen mit der Schlußzeile des Sonetts – hintereinander gelesen – eine Art "Gedicht im Gedicht". Man kann sie "konkatenierte" (miteinander verkettete) Kernzeilen nennen, weil sie das Ganze trotz Verkürzung irgendwie logisch komplett, fast als Kurzform oder "Reader's Digest" abbilden:

Loving in truth, and fain in verse my love to show,
I sought fit words to paint the blackest face of woe;
But words came halting forth, wanting Invention's stay;
"Fool!" said my muse to me, "Look in thy heart and write!"

Dieser Befund der CONCATENATIO von Kernzeilen ist nicht sonettüblich, wohl aber die Schematik der von ihm akzentuierten Textsegmentierung. Allerdings kann man den Text auch auf andere Weise segmentieren. Man kann z. B. die Zeilen 1–13 insgesamt als in Antithese zur von der herrischen Muse gesprochenen Schlußzeile sehen: ein stärker handlungsorientiertes Segmentierungsprinzip.

Oder aber man beachtet die segmentierende Wirkung der Syntax stärker: Dann trennt das *But* den Syntaxbogen der OKTAVE von einem aus zwei TERZETTEN bestehenden SEXTETT.

Schließlich liefert das REIMSCHEMA eines Sonetts normalerweise einen nützlichen Anhaltspunkt dafür, wie man den Text segmentieren kann. Sidney verwendet in der Oktave nur zwei Reime: /ou/ und /ein/, und im Sextett nur drei weitere: /ouz/, /ei/ und /ait/. Der Reihenfolge ihres Auftauchens nach kann man die Reime mit Kleinbuchstaben bedenken: dies ergibt den unschönen Bandwurm *ababababcdcdee.* Was die Segmentierung angeht, so läßt sich dieser Bandwurm sowohl auf die Formel "3 Quartette + *heroic couplet*" bringen – *abab abab cdcd ee* –, als auch auf die Formel "Oktave + Sextett" – *abab abab cdc dee.* Diese Unterscheidung mag spitzfindig erscheinen. Sie ist es meistens auch. Im Falle Sidneys ist sie jedoch nicht völlig unbrauchbar.

Das Schema "3 Quartette + *heroic couplet*" nennt man wegen seiner großen Verbreitung in England oft das ENGLISCHE SONETT-SCHEMA oder auch SHAKESPEARE-SCHEMA" (obwohl Shakespeare es nicht erfunden hat). In den italienischen Vorbildern der elisabethanischen Sonettkunst findet sich dagegen fast immer das "Oktave + Sextett"-Schema (d. h. das Schema "2 Quartette + 2 Terzette"), in einer Anzahl von Reimschema-Variationen. Deshalb nennt man dieses Schema gerne einfach das ITALIENISCHE SCHEMA.[1]

---

[1] Wer mehr über technische Einzelheiten der europäischen Sonettkunst erfahren möchte, sei auf das Sonett-Kapitel in Enid Hamer, *The Metres of English Poetry* (London, 1930 u. ö.), verwiesen sowie auf den materialreichen historischen Abriß von Walter Mönch, *Das Sonett: Gestalt und Geschichte* (Heidelberg, 1955). – Aus der moderneren Literatur zum Thema seien herausgegriffen: John Fuller, *The Sonnet* ("The Critical Idiom" Bd. 26;

Z.	WORTFELD-orientierte Segmentierung	REIM-Schema engl.	REIM-Schema it.	SYNTAX-orientierte Segmentierung	THEMA-orientierte Segmentierung	Die SPRECHER
→ 1	Vor-herr-schen des Wort-felds der Lie-be (Q_1)	a		Loving...	LIEBE UND POESIE GEHÖREN ZUSAMMEN: Der Liebende muß schreiben (Die Gradatio als GRADUS AD PARNASSUM)	der Lie-ben-de (As-tro-phel)
2		b				
3		a				
4		b				
→ 5	Vor-herr-schen des Wort-fel-des des Schrei-bens (Q_2)	a		I thought...	AUFRICHTIGKEIT versus NACHAHMUNG: Der Schreibende versucht es mit mit der Tradition (Er dichtet in Bilder-rätseln)	
6		b		OK-TA-VE		
7		a				
8		b				
→ 9	(Q_3)	c	c	But...	STUDIUM versus NATUR: Er erlebt Mißerfolge (und dichtet in Allegorien)	
10		d	d (T_1)			
11		c	c	SEX-TETT		
12		d	d (T_2)	Thus...	DIE GEGENSÄTZE HEBEN SICH AUF IM WUNDER	
13		e	e		DIE MUSE	die Muse (Stella)
→ 14	COUP-LET	e	e		SPRICHT	

Binnenverknüpfung Q2/T1: words/words; studying inv./ Inv., Study; others' leaves/ others' feet

→ = konkatenierte KERNZEILEN

Alle diese Segmentierungs-Schemata liefern heuristische, d. h. hypothetisch zur Erprobung gestellte Verfahrensvorschläge für das Interpretieren. Sidneys eigene Segmentierungs-Devise aber lautet: "Eat the cake and have it!" Es läßt sich feststellen, daß es zum Verfahren seines Sonetts gehört, miteinander konkurrierende, ja gegeneinander konfligierende Systeme in ein und dieselbe Struktur einzubetten – als Quadratur des Zirkels sozusagen: eine *ambiguity* auf der Ebene des Formalen. Das Sonett *"Loving in truth"* besitzt kein tektonisch-einsträngiges, sondern ein multiples, ein ausgesprochen dynamisches Gliederungsschema. In Diagrammform ließe sich dieser Sachverhalt als Inventarisierung einer Pluralität von Gliederungssystemen protokollieren. Ein solches "Segmentierungs-Schema" *(segmental analysis)* mit dem Charakter eines Ergebnisprotokolls soll das von uns angebotene Schaubild sein.[2]

Noch einmal: der Text als "Struktur", als "Spielraum" vielfältiger Spannungsfelder

Bereits die Bemühung um ein Segmentierungs-Programm gibt uns eine Teilantwort auf unsere Frage, was die Muse dem Dichter bedeutet. Ein konstruierbarer Oberflächengegensatz zwischen *art* ("I sought fit words . . .") und *sincerity* ("Look in thy heart . . .") bringt keineswegs jene vielfältigen ästhetischen und semantischen Spannungskräfte auf ihren gemeinsamen Nenner, die wir in der Tiefe des Gedichts "am Werk" sehen können. Der Text läßt sich vielmehr als ein dialektisches Spielfeld von Kraftlinien, als Mit- und Gegeneinan-

---

London, 1972) und M. Kallich u. a. (Hrsg.), *A Book of the Sonnet: Poems and Criticism* (New York, 1973). – Brauchbare umfangreichere Sonett-Anthologien sind R. Nye, *The Faber Book of Sonnets* (London, 1976), R. M. Bender und C. L. Squier, *The Sonnet: A Comprehensive Anthology of British and American Sonnets from the Renaissance to the Present* (New York, 1965), sowie die zweisprachige Auswahl von Gisbert Kranz, *Englische Sonette* (Stuttgart: Reclam, 1970). – Für den Schulgebrauch gut zu empfehlen ist das materialreiche und liebevoll ansprechend ausgestattete Unterrichtswerk von Peter Noçon, *The English Sonnet: An Introduction to the Study of Poetry* (Paderborn: Schöningh, 1979), zu dem auch ein besonderes "Teachers Book" angeboten wird.

[2] Das hier vorgeschlagene Schaubild-Verfahren wurde von Helmut Slogsnat für ein gymnasiales Lyrikprojekt "Eine Sonettfolge als Index epochaler Prozesse", *Anglistik & Unterricht: Unterrichtsreihen Englisch,* I (Trier, 1980), freundlicherweise getestet und für seine diachronische Unterrichtseinheit adaptiert. Vgl. dortselbst S. 134–138.

der von mehrerlei Feldsystemen, Bildprogrammen und Segmentierungsrastern begreifen. Alle diese Gegebenheiten zusammen erst konstituieren, was rechtens STRUKTUR, d. h. "Zusammenfügung", genannt wird.

Und wiederum: der Text als "Textur", als reißfestes Gewebe

Im Englischen spricht man manchmal idiomatisch und sehr plastisch von "the pull of the text", von des Textes unwiderstehlicher Wirkungskraft. Die Sprachmittel insgesamt konstituieren – um die Bildlichkeit zu wechseln – eben zugleich eine TEXTUR, d. h. das "Gewebe", von dem bereits (S. 17) die Rede gewesen ist. Jede poetische "Textur" bedarf – wie jede normale Textilie – der Reißfestigkeit. Wie diese sie für das Getragenwerden benötigt, so bedarf das Wortgewebe ihrer für eine auch über die Zeiten hinweg fortdauernde Kommunikation zwischen Kunstwerk und Leser. Die Gewähr für solche "Reißfestigkeit" dichterischer Texte besteht in der Kohärenz dessen, was in der Fachsprache der Webkunst "the woof and the warp" heißt (das "Anschießen" des Fadens und das "Anzetteln" der Kette).

Die Schlußpointe der Muse Sidneys: Paradox

Die orakelnde Attacke der Muse richtet sich also nicht gegen Kunst. Sie richtet sich gegen zu kurz greifende Kunst: gegen Inspirationslosigkeit und gegen schematisierende Rezeption des Kulturerbes. Der Zuspruch der Muse bedeutet dem Leser nicht, er solle es im Geschriebenen auf Herzensergießungen anlegen und seinen Verstand abschalten. Er bedeutet dem Dichter nicht, er solle sein kunstreiches Gewerbe an den Nagel hängen und statt dessen den unartikulierten Ur-Schrei einüben. Denn sein "Herz" ist kein triebhaft naturtrüber Widersacher der Kunst. Es ist in der Renaissance ein ebenso gängiges wie preziöses Emblem: als der kostbare Schrein, in dem sich wie in einem feingearbeiteten Schmuckkästchen nichts anderes als das hehre Bild der Geliebten bewahrt.

Das ist übrigens ein Gemeinplatz von zäher Unverwüstlichkeit. Man kennt das Fortleben dieses verbreiteten Renaissance-Emblems in jenem Bodensatz populärer Kunstrezeption, den die sogenannten "Poesie-Alben" heutiger Grundschülerinnen darstellen: "Ich schreibe mich ins Album ein" – so kann man es, hundertfach variiert, in solchen Depositorien gutmeinender Empfindsamkeit lesen – "weil ich nicht möcht vergessen sein. / Doch auch im Herzen möcht ich stehn, / Das Album könnt verloren gehn." Oder auch: "Dein Bild trag ich im Herzen, / Mein Trost in allen Schmerzen."

Sidneys Schlußpointe ist liebevoll und ironisch. Sein Leitgedicht erweist sich als ein heiteres humanistisches Credo, als ein künstlerisches Manifest, dessen poetologischer Grundtenor die Erkenntnis Igor Strawinskys ist: "Sincerity is a *sine qua non* that at the same time guarantees nothing."

5. *Wie* bedeutet ein poetischer Text? Poetische Feinarbeit in Sidneys Programmgedicht

Wir haben gefragt: "Was bedeutet ein poetischer Text?" Eng benachbart dieser Frage ist eine andere: "*Wie* bedeutet ein poetischer Text?" Wir unternehmen einen ersten Beantwortungsversuch anhand einer speziellen kleinen Raffinesse in Sidneys Gedicht *"Loving in truth"*, die wir bisher noch nicht präzise genug ins Auge gefaßt haben.

Am Gedichtanfang geht es dem Sprecher, wie wir gesehen haben, um die Begründung seines Glaubensbekenntnisses: daß der wahrhaft Liebende auch schreiben müsse, und zwar gut. Dies ist an sich eine sonderbare Vorstellung. Sie muß ein wenig elitär anmuten selbst für die innersten Insider-Kreise einer hochgebildeten höfischen Oberschicht, in welchen sich Sidney in London und Paris so ungemein selbstverständlich zu bewegen wußte – als Höfling und Soldat, Dichter und Kritiker, Weltmann und Diplomat in einzigartiger Personalunion. Eine solche Vorstellung scheint praxisfern, wirklichkeitsfremd. Wie der Poet ein so merkwürdiges Postulat begründet, verdient daher einige Aufmerksamkeit.

Die Handlung – genauer gesagt die fiktive (im Gedicht vorgetäuschte) Handlung – dieses erzählenden Texts setzt erst mit den ersten beiden Wörtern des 2. Quartetts ein: *"I sought"*. Hier erst beginnt des Liebenden eigentliche Suche nach Selbstverwirklichung im Wort. Das ganze 1. Quartett hängt bis zu dem verspäteten Auftauchen des handelnden Subjekts syntaktisch sozusagen in der Luft. Dies gilt jedoch nur im Blick auf den verzögerten Hauptsatzbeginn. Ansonsten herrscht in den ersten 4 Zeilen eine Binnensyntax von großer Artikuliertheit, und sogar ein besonderes Geschehen entfaltet sich: Als "Handlung in der Handlung" führt es den Leser in zielstrebigen Schritten von *loving* zu *grace.*

Untersuchen wir diese Schritte. Auffällig ist, wie häufig in dem Quartett Wort-Echos vorkommen: *Loving / love, pleasure / pleasure, read / reading, know / knowledge, pity / pity.* Wieso, könnte man fragen, wiederholt sich unser Sprecher so oft? (Heißt es nicht, wer sich wiederhole, gehe unter sein Niveau?) Ist er hier der Sprache nicht mächtig genug? Oder handelt es sich um eine besonders raffinierte Rhetorik?

Die Rhetorik und ihre Ausdrucksschemata

RHETORIK (gr. *rhetoriké techné,* "Redekunst") nennt man die Theorie und die Technik der wirkungsvollen Sprachverwendung. Als Wissenschaft fragt sie nach den Mitteln und Regeln einer effektiven Kommunikation durch das Wort. Eine sehr wichtige Wissenschaft in der Tat, wenn man bedenkt, in wie starkem Maße von jeher, seit allerältesten Zeiten der Sprachmagie, Menschen – der einzelne genauso wie das Kollektiv – durch Sprache beeinflußt, gebildet, geformt, aber auch gelenkt, manipuliert und beherrscht worden sind.

RHETORISCHE FIGUREN nennen die Redekunst-Theoretiker "... *alle beabsichtigt oder unbeabsichtigt vom normalen Sprachgebrauch abweichenden oder mit ihm übereinstimmenden, jedoch ihn zu bes. Zwecken hervorhebenden Formungen des Sprachmaterials, die auf Erhöhung der Rede, Hervorhebung einzelner Teile oder Schmuck der Aussage abzielen und aus natürlichen sprachlichen Verhaltensweisen durch ihre Abgrenzung, Benennung und Pflege in der Rhetorik zu abgezogenen und vorgeprägten Ausdrucksschemata gewisser Denkvorgänge geworden sind* ..."– So definiert Gero von Wilpert mit stilistischen Anleihen aus der Sprache des Patentrechts. Man sollte diese Definition trotz ihrer Unanschaulichkeit genau lesen. Und man sollte prinzipiell (nicht nur beim Lesen von Poesie) auf rhetorische Figuren und ihre Funktion achten.

Die als "artifizielle" Sprachmittel oft geringschätzig beurteilten, mißverstandenen oder auch schlicht ignorierten rhetorischen Ausdrucksschemata haben in unserem Jahrhundert eine neuerliche Aufwertung erfahren. Wie Paul Valéry in Erinnerung rief, spielen sie

"nicht nur in der bewußten und geformten Dichtung eine sehr wichtige Rolle, sondern auch in jener stets dynamischen Dichtung, die den erstarrten Sprachschatz in Bewegung bringt, den Wortsinn erweitert oder verengt, mit Symmetrien oder Verwandlungen arbeitet und die sprachliche Währung ständig reformiert."[1]

Überlieferte wie neue Ausprägungen der literarischen Rhetorik sollten nicht als versteinerte (dann allenfalls als pittoresk zu dul-

[1] Paul Valéry, "Questions de Poésie", in *Œuvres,* hrsg. von Jean Hytier (Paris, 1957), I, S. 1289.

dende) Bruchstücke einer musealen Tradition interpretiert werden: Sie sind vielmehr wirksame und flexible Komponenten des "VERBAL PATTERNING", der poetischen Sprachstrukturierung, die die poetische Aussage mittragen oder qualifizieren. Indem sie durch ihre psychologische Wirksamkeit verborgene gedankliche Bezüge herstellen, können die rhetorischen Figuren also zu Stützen und Wegweisern im ästhetischen Nachvollzug werden.[2]

Wortfiguren – Gedankenfiguren

Die Wissenschaft unterscheidet bei rhetorischen Figuren zwischen WORTFIGUREN (wozu auch grammatische Figuren oder Stil- und Satzfiguren gehören) und GEDANKENFIGUREN (bei denen der Wortlaut sekundär ist). Für Sidneys erstes Quartett sind beide Begriffe nützlich. Sie ergänzen einander. Was die Wortfigur angeht, die in dem Quartett gleich fünfmal hintereinander eingesetzt wird, so haben sich antike Rhetoriker für sie auf den leicht abschreckenden Namen "Polyptoton" geeinigt.

Ein POLYPTOTON (gr. *polys*, "viel", und *ptosis*, "Fall", d. h. "Kasus") besteht in der Wiederholung desselben Worts oder Wortstamms innerhalb eines Satzes – meist in verschiedenen grammatischen Fällen oder Flexionsformen. Der Dichter Plautus sagt, der Mensch sei dem Menschen ein Wolf ("Homo homini lupus"), die Rechtssprache des Alten Testaments enthält das unerfreuliche Prinzip "Auge um Auge", die Volkssprache kennt "das Beste vom Besten", die Sprache der Herrschenden kann vom "König der Könige" sprechen – und immer handelt es sich dabei um Polyptota, die offenbar die Funktion haben, eine quasi-sakrale Nachdrücklichkeit zu übermitteln.

---

[2] Die einschlägigen Standardwerke für den gründlichen Gedichteleser sind immer noch H. Lausbergs *Handbuch der literarischen Rhetorik: Eine Grundlegung der Literaturwissenschaft,* 2 Bde. (München, 1960) und desselben Autors *Elemente der literarischen Rhetorik* (München, 2. Aufl. 1963). Ferner zu empfehlen sind: Richard A. Lanham, *A Handlist of Rhetorical Terms: A Guide for Students of English Literature* (Berkeley, 1969), und Gerd Ueding, *Einführung in die Rhetorik* (Stuttgart, 1976).

Vom Polyptoton-Effekt betroffen sind im Anfangsquartett alle Nomina bis auf vier: *truth, verse, pain, grace.* Unsere "Feldeinfärbung" brachte uns darauf, daß *pain* neben "Liebesschmerz" auch "Dichterarbeit" bedeutet. Man darf also das Wortpaar *verse/pain* aufgrund der Bedeutungsverhältnisse als eine Art "Quasi-Polyptoton" werten. Damit bleiben nur *truth* am Anfang und *grace* am Ende der Kette in Solo-Stellung: *truth* offenbar als unverzichtbare Ausgangsqualifikation der Dichterliebe, *grace* als deren ultimatives Ziel.

Zu diesem höchsten Ziel führt die Stufenfolge unserer Polyptota in der folgenden, leicht ins Diagramm zu setzenden Weise:

Grace
pity / pity
know / knowledge
read / reading
pleasure / pleasure
(verse / pain)
(True) loving / love

Es handelt sich also um eine Progression (d. h. ein Vorwärts-Schreiten), um einen *"Gradus ad Parnassum"* (einen Aufstieg auf den Parnass, den Dichterberg), über genau sieben Ebenen. (Der Dichter-Kritiker Sidney teilt seine Vorliebe für die magische Heils-Ziffer sieben nicht nur mit dem Autor der *Seven Types of Ambiguity,* dem modernen Dichter-Kritiker William Empson, sondern auch mit zahllosen Zahlenmystikern aller Zeiten.) Jeder einzelnen dieser sieben Ebenen ist eine klar abhebbare Phase zuzuordnen in der Abwicklung der im Gesamtgeschehen des Sonetts eingebetteten "Handlung in der Handlung", die das Eröffnungsquartett beinhaltet:

7. Through pity *grace* is obtained.
6. Knowledge results in pity.
5. Reading makes her (or anyone) know.
4. Pleasure causes her (or anyone) to read.
3. Verse produces pleasure (in her / in anyone).
2. His love shows itself in verse.
1. He *loves truly.*

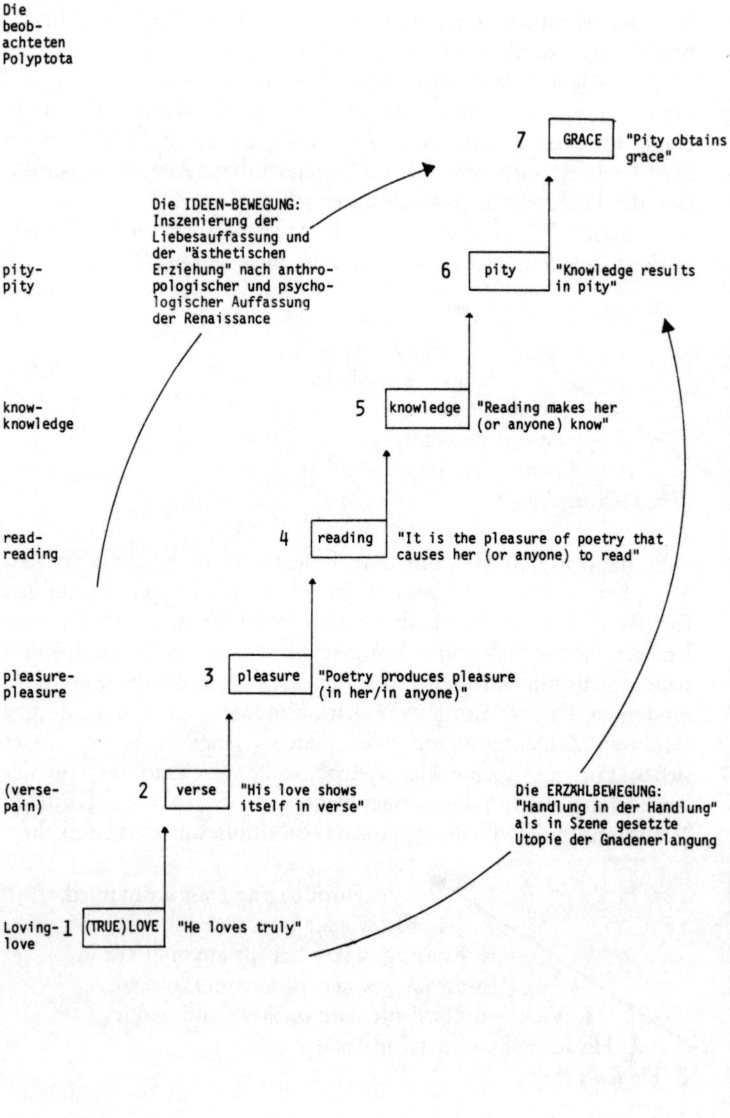
Die beobachteten Polyptota
Die IDEEN-BEWEGUNG: Inszenierung der Liebesauffassung und der "ästhetischen Erziehung" nach anthropologischer und psychologischer Auffassung der Renaissance
7 GRACE "Pity obtains grace"
pity-pity
6 pity "Knowledge results in pity"
know-knowledge
5 knowledge "Reading makes her (or anyone) know"
read-reading
4 reading "It is the pleasure of poetry that causes her (or anyone) to read"
pleasure-pleasure
3 pleasure "Poetry produces pleasure (in her/in anyone)"
(verse-pain)
2 verse "His love shows itself in verse"
Die ERZÄHLBEWEGUNG: "Handlung in der Handlung" als in Szene gesetzte Utopie der Gnadenerlangung
Loving-love
1 (TRUE)LOVE "He loves truly"

Das rhetorische Verfahren einer solchen GRADATIO (lat. "Stufung"), die auf eine CLIMAX (lat. "Höhepunkt") zielt und wie unter Gesetzeszwang auf diese zuläuft, war den Zeitgenossen Sidneys auch terminologisch wohlbekannt. Der Sprachkunstlehrer Abraham Fraunce definierte es so: "*Climax*, gradation, is a reduplication continued by divers degrees and steps, as it were, of the same word or sound."[3] Wie langlebig dieser alte Verfahrenskunstgriff ist, zeigt ein Blick auf den Schluß des oben (S. 40) wiedergegebenen Gedichts unseres Zeitgenossen Rod McKuen, wo die "Gradation" dazu dient, die behauptete Unmöglichkeit eines modernen rhetorischen Liebesgedichts mit paradoxer Eleganz zu widerlegen.

Sidneys "Gradation" ist Wortfigur und Gedankenfigur zugleich. In ihr konkretisiert sich auf der Ebene der Liebesauffassung des Gedichtsprechers zugleich die Konzeption einer "ästhetischen Erziehung des Menschengeschlechts", so wie Sidney sie in seiner *Apology for Poetry* im Horizont der sozialethischen und psychologischen Auffassungen der Renaissance umrissen hat. Auf der Ebene des Erzählungsverlaufs innerhalb der "Handlung in der Handlung" konkretisiert sich in der Stufenabfolge zweierlei: Erstens wird die Gewinnung der Liebeserhörung als "konkrete Utopie" in Szene gesetzt. (Vgl. unser abgebildetes Diagramm.) Und zweitens projiziert der humanistische Apologet für die Dichtkunst die schrittweise Erreichung eines noch weitaus allgemeineren und noch höheren Ziels: *Grace*, "Gnade", vormals nur aus göttlicher Instanz zu erweisen, wird in der Dichtung als ein innerweltliches "Heil" verwirklicht: wenn nämlich Kunstverstand und aufrichtiges Gefühl, wenn Hirn und Herz in schöpferischem Einklang stehen.

Rhetorik von höchster Stelle

Wie hoch man in der Renaissance die ideenbeeinflussende Wirkungsmächtigkeit rhetorischer Figuren einschätzte, läßt sich an einer Schlüsselstelle aus John Miltons *Paradise Lost*, dem sprachmächtigsten Epos der englischen Dichtungstradition, demonstrieren. Auch dort endet eine überaus raffiniert gebaute Stufenleiter mit dem Wort *grace:*

So Man, as is most just,
Shall satisfy for Man, be judg'd and die,
And dying rise, and rising with him raise

---

[3] Abraham Fraunce, *The Arcadian Rhetorike*, hrsg. von Ethel Seaton (Oxford, 1950), S. 38–39. Zitiert bei David Kalstone, "Sir Philip Sidney: The Petrarchan Vision", in *Elizabethan Poetry: Modern Essays in Criticism*, hrsg. von Paul J. Alpers (New York, 1967), S. 209.

His Brethren, ransom'd with his own dear life.
So Heav'nly love shall outdo Hellish hate,
Giving to death, and dying to redeem,
So dearly to redeem what Hellish hate
So easily destroy'd, and still destroys
In those who, when they may, accept not grace.

(3 : 294–302)

Aber es handelt sich nicht um die Rede eines dichtenden Liebhabers an seine Dame, sondern um die dritte und entscheidende der Ansprachen des Allerhöchstens vor der Engelversammlung. Der liebe Gott umreißt seinen Heilsplan in gedrängten Ausführungen, in welchen neben der auch dort strukturbestimmenden Figurenkombination "Polyptoton + Gradatio" noch weitere beliebte Stilmittel Anwendung finden:

Besonders häufig dasjenige der ALLITERATION, auch Anreim oder Stabreim genannt, d. h. der Hervorhebung von bedeutungsschweren Wörtern durch gleiches Anlauten ihrer Stammsilbenbetonung. (Vgl. die zwar weniger erhabene, aber technisch vergleichbare Funktion dieses rhetorischen Kunstgriffs im Falle des "*C*OCA-*C*OLA-*K*lassepartners", S. 10–11.

Ferner die Kunstfigur des CHIASMUS (gr. *chiasmos*, "die Gestalt des Buchstaben *chi*, d. h. des X"), das ist die symmetrische Überkreuzstellung von syntaktisch oder bedeutungsmäßig einander entsprechenden Satzgliedern ("Giving to death, and dying to redeem").

Und schließlich der PARALLELISMUS (gr. *parallelos*, "gleichlaufend"), der im Gegensatz zum Chiasmus in der Wiederkehr derselben Wortreihenfolge besteht, in übereinstimmender, ebenfalls symmetrieschaffender Konstruktion, etwa nach dem Muster "Wie du mir, so ich dir". (Vgl. als ein einschlägiges Beispiel weltlich engagierter Überredungs-Strategie die Wortfolge "Mehr Frische, mehr Freude, mehr Coke" im zweiten Text unseres Eingangskapitels, S. 11.) Die himmlische Stilfigur ist vollkommen lehrbuchgemäß: "So Heav'nly love shall outdo Hellish hate."

6. Boltons Sonett *"As withereth the primrose"* als Kabinettstück schematisierter Rhetorik

Um dem Eindruck entgegenzutreten, unsere Mikroskopierung des "Wie" der poetischen Textbedeutung in den vier Sidney-Versen habe womöglich einem seltenen Sonderfall gegolten, betrachten wir gleich ein zweites Beispiel, in dem die Strukturiertheit vergleichbar ist, aber einen noch wesentlich höheren Grad von rhetorischer Schematisierung aufweist. Wir greifen, nachdem wir ein Kunstprodukt des wohl umglänztesten Aristokraten unter den elisabethanischen Lyrikern studiert haben, jetzt einen Text eines mittlerweise fast total vergessenen bürgerlichen Zeitgenossen Sidneys heraus: das Sonett *"As withereth the primrose by the river"* (1600) von Edmund Bolton (1575?–1633?).

Erste Augenfälligkeiten des Texts (s. S. 76)

Was bei diesem Gedicht "ins Auge" fällt, ist eine Anzahl von Beobachtungs-Sachverhalten, die wir erst einmal in völlig beliebiger Reihenfolge sammeln.

Der Text wirkt monoton wie eine Litanei, und doch scheint vom Texthersteller eine kalkulierte Abwechslung oder Modulation bezweckt worden zu sein.

Der Text gliedert sich in mehrere Teile, die durch Wort- und Bildwiederholung deutlich aufeinander Bezug nehmen.

Diese Teile entsprechen offenkundig dem Segmentierungs-Schema der sogenannten "englischen" Sonettform (s. oben, S. 63), wobei man jedoch den Eindruck gewinnt, daß die Formschematik hier irgendwie "umfunktioniert" wurde.

Die Gesamtaussage scheint nicht gerade sehr weltzugewandt oder heiter zu sein. Es scheint sich um eine der zwischen dem "Herbst des Mittelalters" und der "Barockzeit" endlos variierten Klagen über die Vergänglichkeit irdischer Freuden und Werte zu handeln: um eine Meditation über die VANITAS MUNDI, wie das die Gläubigen gern lateinisch ausdrückten: die Eitelkeit, d. h. Vergeblichkeit alles Weltlichen.

As withereth the primrose by the river,
As fadeth summer's sun from gliding fountains,
As vanisheth the light-blown bubble ever,
As melteth snow upon the mossy mountains:
So melts, so vanisheth, so fades, so withers
The rose, the shine, the bubble, and the snow,
Of praise, pomp, glory, joy, which short life gathers,
Fair praise, vain pomp, sweet glory, brittle joy.
The withered primrose by the mourning river,
The faded summer's sun from weeping fountains,
The light-blown bubble, vanishèd for ever,
The molten snow upon the naked mountains,
Are emblems that the treasures we uplay
Soon wither, vanish, fade, and melt away.

Edmund Bolton

Zu dem *déjà vu*-Effekt (dem Effekt des "Schon-gesehen"-Habens) – man glaubt das Gedicht in irgendeiner Form bereits vorher gekannt zu haben, auch wenn man es gerade zum ersten Male liest – paßt eine auffallende Besonderheit: die in dem Gedicht verwendeten sinntragenden Hauptwörter tauchen allesamt mindestens je zweimal auf, meist jedoch öfter als zweimal; es gibt nur drei Ausnahmen, die dadurch einen etwas sperrigen, bedeutsam herausragenden Charakter bekommen: *short life, emblems, treasures.*

Solcherlei Beobachtungen – egal, in welcher Reihenfolge sie gemacht werden – dürften sich aufdrängen, unmittelbar einleuchten. Wir können deshalb gleich zu einigen etwas systematischeren Beobachtungen weitergehen. Ein hilfreiches Verfahren ist wiederum das Nachzeichnen der Segmentierung des litaneihaften Texts.

Das erste Quartett

Im ersten Quartett (Q 1) wird in vier je eine Zeile füllenden Nebensätzen je ein detailliert ausgeführtes Kompositbild (d. h. ein aus mehreren Bildelementen zusammengesetztes Bild) aus der Naturwelt gegeben. Die Zeilen sind syntaktisch streng parallel gebaut. Jede von ihnen beginnt mit demselben Wort *(As)*, d. h. "anaphorisch" in der Teminologie der Rhetorik.

Eine ANAPHER (gr. *anaphora,* "Beziehung, Zurückführung") ist die Wiederholung desselben Worts oder derselben Wortgruppe zu Beginn mehrerer aufeinanderfolgender Zeilen, Strophen, Sätze oder Satzteile zum Zweck einer stärkeren, pathetischeren Eindringlichkeit und/oder einer übersichtlicheren Gliederung. (Vgl. die *and*-Verwendungen bei Pater, oben S. 14, und die *in*-Wiederholungen bei Blake, unten S. 177).

Zweierlei zeichnet diese Reihung in Q 1 aus. Erstens schließen sich die vier Kompositbilder nicht ohne weiteres zu einer einheitlichen Naturszene zusammen. Gewiß läßt sich einem jeden Bild je eine der vier Jahreszeiten zuordnen (wenn man Zeile 1 mit dem Frühling beginnen läßt, der *primula veris* gemäß) und wohl auch je eines der vier Elemente (dann etwa in der Reihenfolge Erde – Feuer – Luft – Wasser). Trotzdem erscheinen diese Bilder als austauschbare Exempla für die Vergänglichkeit, als Versatzstücke in einer Beispielreihe, die man sich unschwer auch verkürzt oder verlängert vorstellen kann.

Eine BEISPIELREIHUNG oder PRIAMEL (lat. *praeambulum,* eigentlich "umständliche Vorrede") ist in der volksnahen Gebrauchspoesie ein spannungerzeugendes Aneinanderreihen von Analogiebegriffen in Zielrichtung auf eine pointenhafte Auflösung in einem Gesamtbegriff. (Gero von Wilperts volkstümliches Beispiel ist der Vierzeiler "Berliner Kind / Spandauer Rind / Charlottenburger Pferd / sind alle drei nichts wert".) Die in unserem Fall gegebene Bildreihung läßt sich als Inventarisierung von Vanitas-Beispielen oder als VERGÄNGLICHKEITSKATALOG bezeichnen.

Man vergleiche zwei sehr ähnliche katalogartige Vergänglichkeitsmeditationen von Francis Quarles (1592–1644), *Hos ego versiculos* ("Like to the damask rose you see . . ."), und von Henry King (1592–1669), *Sic Vita* ("Like to the falling of a star . . ."). Der lateinische Titel des erstgenannten Texts bezieht sich auf eine Anekdote, nach der Vergil die Verfasserschaft eines umstrittenen Gedichts mit der Phrase *Hos ego versiculos feci* ("I made these little verses") beansprucht haben soll. Quarles' in dieser Form erstmals 1629 veröffentlichtes Gedicht geht also von der Tatsache einer bekannten Verbreitetheit des Gedichtschemas aus. *Sic Vita*, die Gedichtüberschrift Kings (der anglikanischer Bischof in Chichester war), bedeutet "Such is life". Da beide Gedichte einander sehr ähneln, möge das kürzere zweite, das des Bischofs, als Anschauung genügen:

Like to the falling of a star,
Or as the flights of eagles are,
Or like the fresh spring's gaudy hue,
Or silver drops of morning dew,
Or like a wind that chafes the flood,
Or bubbles which on water stood:
Even such is man, whose borrowed light
Is straight called in, and paid to night.
The wind blows out, the bubble dies;
The spring entombed in autum lies;
The dew dries up, the star is shot;
The flight is past, and man forgot.

Um die semantische Spielbreite und die vielseitige Verwendung dieses "Vergänglichkeitskatalogs" zu beobachten, vergleiche man Adaptationen des Schemas (das natürlich auch in Boltons Text, dem frühesten aus unserer kleinen Spezialanthologie, nicht "originell" gewesen war, sondern eine Nachahmung einer Konvention): die heiter verspielte Version in Zeilen 61 ff. von Herricks *Corinna* (*BACP* 121); die volksliedhaft-schwermütige in den vier Schlußversen von Scotts *Coronach* (*BACP* 171); die komisch-idyllische in Zeilen 59 ff. von Burns' *Tam O'Shanter* (*BACP* 24) und die romantisch-elegische zu Beginn von Shelleys "*When the lamp is shattered*" (*BACP* 100).

Drei deutsche Gedichte, die in der Schematik der *Vanitas*-Kataloge geschrieben sind, bieten sich für eine über die Epoche des Barock hinausgreifende Vergleichsreihe an: (1) die Elegie auf die 1616 elfjährig verstorbene Markgräfin Anna Augusta zu Baden von Georg Rudolf Weckherlin (1584 bis 1653), "Dein leben, dessen end uns plaget."[1] (2) Christian Hofmanns von Hofmannswaldau (1617–1679) Gedicht "Was ist die Welt und ihr berühmtes Glänzen?"; und (3) Hugo von Hofmannsthals (1874–1929) Sonett "Was ist die Welt? Ein ewiges Gedicht ...". Man beachte, wie im letztgenannten Gedicht der Autor des "Großen Welttheaters" die schon im Barock als abgeklappert empfundene Schematik mit neuem Leben zu erfüllen versteht:

Was ist die Welt? Ein ewiges Gedicht,
Daraus der Geist der Gottheit strahlt und glüht,
Daraus der Wein der Weisheit schäumt und sprüht,
Daraus der Laut der Liebe zu uns spricht
Und jedes Menschen wechselndes Gemüt,
Ein Strahl ist's, der aus dieser Sonne bricht,
Ein Vers, der sich an tausend andre flicht,
Der unbemerkt verhallt, verlischt, verblüht.
Und doch auch eine Welt für sich allein,
Voll süß-geheimer nie vernommner Töne,
Begabt mit eigner, unentweihter Schöne,
Und keines andern Nachhall, Widerschein.
Und wenn du gar zu lesen drin verstündest,
Ein Buch, das du im Leben nicht ergründest.

Das zweite Charakteristikum der merkwürdigen Reihung in Q 1 ist, daß diese Exempla jeweils nur den Ansatz eines Vergleichs geben, der dann erst im Q 2 vollzogen wird, und zwar in mehreren Schritten, die wir jetzt einen nach dem anderen nachvollziehen wollen.

Das zweite Quartett

Die Anfangszeile der zweiten Quartetts reiht – dieses ist der erste Schritt – vier Verben unverbunden aneinander und summiert damit zugleich den gesamten Aussagegehalt des Q 1. Die Rhetorik bezeichnet solches Reihen als ein "versfüllendes Asyndeton".

Der Begriff ASYNDETON (gr. "Unverbundenes") bedeutet: Gleichgeordnete Wörter oder Satzteile werden ohne verbindende Konjunktionen aneinandergereiht – manchmals um eine spannungsreiche Hast zu suggerie-

[1] Eine schöne Lesung dieses Texts gibt Adolf Beck in *Interpretationen: Deutsche Lyrik von Weckherlin bis Benn,* hrsg. von Jost Schillemeit (Fischer Taschenbuch; Frankfurt, 1965), S. 11–18.

ren (nach dem Schema "Alles rennet, rettet, flüchtet" aus Schillers *Glocke*), manchmal um einer Aussage den Ton des zielstrebig Zwingenden zu verleihen (nach dem Schema *Veni, vidi, vici* – "Ich kam, ich sah, ich siegte", Julius Caesar in den Mund gelegt). Man erinnert sich auch der Wortreihung "Weiß, schwarz, marine, / hellblau, brombeer" in der eingangs betrachteten Gebrauchspoesie der Unterwäschewerbung (s. oben S. 10).

Man erkennt die Verben wieder und bezieht ohne Mühe je eines auf je eine Zeile des Q 1, obwohl ihre Reihenfolge spiegelbildlich zur dortigen ist (nach dem Schema 1–2–3–4 : 4–3–2–1). Alle vier Zeilen mit ihrer breiter geschilderten Gegenständlichkeit werden verkürzt rekapituliert oder summiert.

Summation und Konklusion als poetische Kunstgriffe

Wie ungemein effektiv dieser Kunstgriff des SUMMATIONSSCHEMAS ist (der manchmal auch KONKLUSIONSSCHEMA oder REKAPITULATIONS-SCHEMA genannt wird), kann man an einem weiteren Renaissance-Gedicht sowie an einem Gedicht aus unseren Tagen beobachten. Der Komponist, Lautenvirtuose und Lyriker John Dowland (1563?–1626?) schrieb sein Liebeslied *"Dear if you change"* um das zweimal komplett durchgeführte (bei der Wiederholung durch den Kunstgriff des "Unmöglichkeitenkatalogs" – im Fachjargon: "ADYNATA-Katalogs" – erweiterte) Summationsschema herum:

Dear if you change, I'll never choose again.
Sweet, if you shrink, I'll never think of love.
Fair, if you fail, I'll judge all beauty vain.
Wise, if too weak, more wits I'll never prove.
Dear, Sweet, Fair, Wise, change, shrink, nor be not weak:
And, on my faith, my faith shall never break.

Earth with her flow'rs shall sooner heav'n adorn,
Heav'n her bright stars through earth's dim globe shall move,
Fire heat shall lose, and frosts of flames be born,
Air made to shine as black as hell shall prove:
Earth, Heaven, Fire, Air, the World transform'd shall view.
Ere I prove false to faith, or strange to you.[2]

Man vergleiche die fünften Zeilen beider Dowland-Strophen sowie Boltons Zeile 5 mit der Handhabung des gleichen Ausdrucksmittels in Hans Magnus Enzensbergers *An alle Fersprechteilnehmer:*

---

[2] Aus dem *First Booke of Songes* (1957), heute unschwer als Schallplattenaufnahme zugänglich, etwa in der *Florilegium Series,* L'Oiseau-Lyre, DSLO 508–9. – Abwandlungen des klassischen "Adynata-Katalogs" können in drei in *BACP* enthaltenen Gedichten von Auden (58), Donne (83) und Burns (95) verglichen werden.

An alle Fernsprechteilnehmer

Etwas, das keine Farbe hat, etwas,
das nach nichts riecht, etwas Zähes,
trieft aus den Verstärkerämtern,
setzt sich fest in die Nähte der Zeit
und der Schuhe, etwas Gedunsenes,
kommt aus den Kokereien, bläht
wie eine fahle Brise die Dividenden
und die blutigen Segel der Hospitäler,
mischt sich klebrig in das Getuschel
um Professuren und Primgelder, rinnt,
etwas Zähes, davon der Salm stirbt,
in die Flüsse, und sickert, farblos,
und tötet den Butt auf den Bänken.

Die Minderzahl hat die Mehrheit,
die Toten sind überstimmt.

In den Staatsdruckereien
rüstet das tückische Blei auf,
die Ministerien mauscheln, nach Phlox
und erloschenen Resolutionen riecht
der August. Das Plenum ist leer.
An den Himmel darüber schreibt
die Radarspinne ihr zähes Netz.

Die Tanker auf ihren Helligen
wissen es schon, eh der Lotse kommt,
und der Embryo weiß es dunkel
in seinem warmen, zuckenden Sarg:

Es ist etwas in der Luft, klebrig
und zäh, etwas, das keine Farbe hat
(nur die jungen Aktien spüren es nicht):
Gegen uns geht es, gegen den Seestern
und das Getreide. Und wir essen davon
und verleiben uns ein etwas Zähes,
und schlafen im blühenden Boom,
im Fünfjahresplan, arglos
schlafend im brennenden Hemd,
wie Geiseln umzingelt von einem zähen,
farblosen, einem gedunsenen Schlund.[3]

---

[3] Aus *Gedichte 1955–1970* (Frankfurt, 1971), S. 34 f.

Die Folgezeile in Boltons zweitem Quartett – und dies ist der zweite Schritt im Fortgang des Vergleichens – nimmt die ebenfalls sofort wiedererkennbaren Hauptwörter des Q 1 auf, kehrt dabei aber zur ursprünglichen Reihenfolge 1–2–3–4 zurück. Man könnte also von einem zweifach wiederholten CHIASMUS (s. oben S. 74) sprechen. Im dritten Schritt des Vergleichsvollzugs werden nun in Zeile 7 den vier Naturbildern *(rose / shine / bubble / snow)* ebenso viele abstrakte Begriffe aus dem Bereich des sozialen Wertens beigegeben *(praise / pomp / glory / joy)*. Für uns Heutige mag die Zuordnung einer jeden dieser sozialethischen Abstraktionen zu je einem der vier Bilder nicht so ohne weiteres eindeutig sein. Den zeitgenössischen Lesern des Sonetts jedoch waren die Gleichungen vermutlich so geläufig, daß man sie ohne Schwierigkeiten in dem Sinn entziffert haben dürfte, der sich in dem folgenden Diagramm schematisieren läßt:

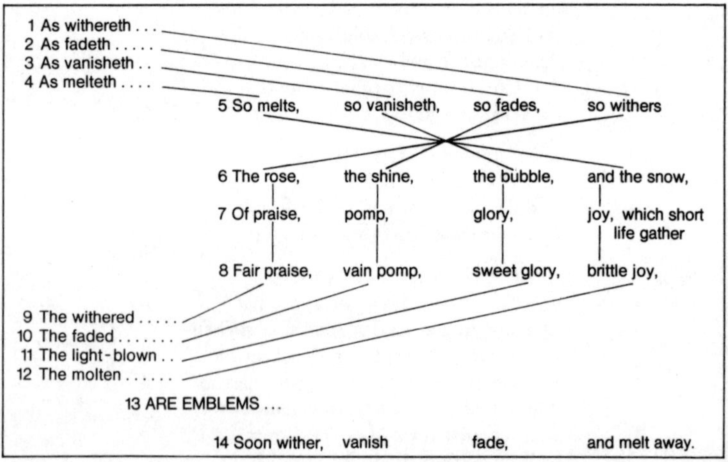

Das dritte Quartett

Im dritten Quartett werden die vier Beispiele des ersten wiederholt, wobei ein jedes in geringfügiger, insgesamt aber dennoch auffälliger Weise erweitert wird. (Man spricht in der Terminologie der Rhetorik von einer AMPLIFIKATION.) Der Beziehungsmodus, der zwischen Q 1 und Q 2 herrschte, wiederholt sich nun zwischen Q 3 und dem Schlußcouplet *(heroic couplet)*, in dem sich endlich der bereits seit längerem implizit nahegelegte Schlüsselbegriff für die vom Text Boltons praktizierte Bildhandhabung findet: "Emblem".

Emblematik: Verständigungsmedium einer Kulturepoche

Wir haben oben (S. 60) das Emblem mit Bezug auf seine Verwendung als Spielform sprachlich-poetischer Bildlichkeit kurz erwähnt. Momentan soll es uns um das EMBLEM ALS GRAPHISCHES SINNBILD gehen. Eine Anzahl von emblematischen Holzschnitten und Kupferstichen aus illustrierten Büchern der Renaissance finden sich als Textillustrationen oder Kapitelvignetten in *BACP*. Vgl. dort die folgenden Beispiele, deren unterschiedliche Quellen- und Bezugshintergründe die Heterogenität des in den Bilderbüchern der Humanisten gehorteten Bildmaterials exemplifizieren: den gewappneten *Ritter* (*BACP* 17), der aus der Anschauungswirklichkeit des höfischen Turnierlebens übernommen ist (man vergesse nicht, daß in Sir Philip Sidneys Tagen, als schon die ersten großen Aktiengesellschaften gegründet wurden, immer noch richtige Ritterturniere stattfanden); den *Fuchs* (*BACP* 14) aus der Tradition der Tierfabel-Bebilderung; den *Phönix* (*BACP* 84) aus der naturgeschichtlichen Überlieferung bzw. aus der pseudo-naturgeschichtlichen Überlieferung bzw. aus der pseudo-naturwissenschaftlichen *Physiologus*-Tradition, was sich beides damals nicht so recht auseinanderhalten ließ (der *Physiologus*, ein anonymes griechisches christliches Erbauungswerk, wurde zu einem zoologischen Volksbuch des Mittelalters); die ins Bild gesetzte antike Sentenz *Scripta manent*, "Das Geschriebene bleibt" (*BACP* 129), aus dem Überlieferungsschatz der Spruchweisheit; *Sisyphus* (*BACP* 247), *Merkur* (*BACP* 183) und *Odysseus* (*BACP* 279) aus der klassischen Mythologie und Epik; den späten *Hortus Conclusus*, den "umschlossenen Garten" (*BACP* 124), aus dem gegenreformatorischen Meditationsklima der jesuitischen Marienverehrung; schließlich aus der gewissermaßen "gegen-gegenreformatorischen" Richtung das Emblem *The Soul Lamenting Her Bondage* (*BACP* 217) des anglikanischen Dichters Francis Quarles, das dieser einem jesuitischen Emblembuch – unter sorgfältiger ideologischer Umorientierung der mitgelieferten Botschaft – entlehnt hat.

Interminabilis humanæ vitæ labor.

To M. IOHN GOSTLINGE.

LOE SISYPHVS, that roles the reſtleſſe ſtone
To toppe of hill, with endleſſe toile, and paine:
Which beinge there, it tumbleth doune alone,
And then, the wretche muſt force it vp againe:
 And as it falles, he makes it ſtill aſcende;
 And yet, no toile can bringe this worke to ende.

This SISYPHVS: preſenteth Adams race.
The reſtleſſe ſtone: their trauaile, and their toile:
The hill, dothe ſhewe the daye, and eeke the ſpace,
Wherein they ſtill doe labour, worke, and moile.
 And thoughe till nighte they ſtriue the hill to clime,
 Yet vp againe, the morning nexte betime.

Geoffrey Whitney, *A Choice of Emblemes* (1586).

Die Regelausstattung einer Emblembuchseite

In einem typischen Emblembuch der Renaissance findet sich auf einer gegebenen Seite in der Regel dreierlei. Als Blickfang zunächst das Bild, auch PICTURA (oder ICON, IMAGO, auch SYMBOLON) genannt, meist ein kleiner ornamental umrahmter Holzschnitt, bei späteren Emblembüchern auch aufwendigere Kupferstiche. Über dem Bild erscheint eine kurze Überschrift oder INSCRIPTIO (auch MOTTO oder LEMMA genannt), die in vielen Fällen nur eine kurze Benennung des Gegenstands ist, aber auch eine Wendung, ein Sprichwort oder ein "geflügeltes" Zitat sein kann. Unter dem Bild schließlich steht die SUBSCRIPTIO – in der Regel ein längerer oder kürzerer Gedichttext (manchmal auch ein Prosatext), der auf Motto und Bild Bezug nimmt, das im Bild Dargestellte erläutert oder auslegt und aus der Bildbedeutung gleichsam "die Moral der Geschichte" auf eine Formel bringt.

Eine Seite eines Emblembuchs ist also regelgemäß ein dreigeteiltes Gebilde. Bild und Unterschrift zielen im Unterschriftteil auf die MORALISIERUNG *(moralization)*, d. h. auf die ethische Anwendung oder Ausdeutung des vor Augen Gestellten. Unter diesem Aspekt sollte man die hier faksimilierte Seite aus Geoffrey Whitneys 1586 in Leiden veröffentlichtem Bilderbuch *A Choice of Emblemes* betrachten.

Die EMBLEMATIK oder SINNBILDKUNST als gesamteuropäische Ausdruckskonvention und Kommunikationsstrategie ist eine weit über die Attraktivität solcher Bilder und Bilderbücher hinausgehende, wichtige kulturgeschichtliche Erscheinung. Was es mit dieser und ihren Hintergründen sowie mit der über rund anderthalb Jahrhunderte hinweg üppig aufblühenden Modeströmung der Emblembücher im Fahrwasser von Andrea Alciatis 1531 erstmals veröffentlichtem *Emblematum Liber* ("Buch der Embleme") auf sich hat, läßt sich am besten anhand des von Arthur Henkel und Albrecht Schöne edierten Prachtbands *Emblemata*[4] mitsamt den aufschlußreichen "Vorbemerkungen der Herausgeber" in Erfahrung bringen.

Mit der Buchseite aus Whitneys *Choice of Emblemes* sollte ferner das unten (S. 105 wiedergegebene Faksimile der Phönix-Seite aus Henry Peachams *Minerva Britanna* (1612) verglichen werden. Damit liegen uns repräsentative Proben zweier im England des frühen 17. Jahrhunderts sehr weit verbreiteter Emblembücher vor.

[4] *Emblemata: Handbuch zur Sinnbildkunst des XVI. und XVII. Jahrhunderts* (Stuttgart, 1967). – Man vgl. auch die Kurzhinweise in der "Descriptive List of Illustrations" in *BACP* (337 f.), insbesondere die Einträge zum Ritter-Holzschnitt (17), zum Sisyphus (247), zum Quarles-Emblem (217) und zum Hortus Conclusus (124). – Zu der in letzter Zeit stark angewachsenen Literatur über Emblematik und ihre Rezeption in der Dichtung vgl. das 1976 erschienene *Supplement* zu dem genannten *Emblemata*-Handbuch; ferner Sibylle Penkert, Hrsg., *Emblem und Emblematikrezeption: Vergleichende Studien zur Wirkungsgeschichte vom 16. bis 20. Jahrhundert* (Darmstadt, 1978), und Peter M. Daly, *Literature in the Light of the Emblem* (Toronto, 1979).

Schematisierte Rhetorik als Anleitung zur Selbsttätigkeit

Wir kehren zu Bolton zurück. Die "Moralisierung" in seinem Sonett geschieht nach einem Verfahren, das uns zu weiteren Beobachtungen am Text bringt. Man entdeckt nämlich als Leser sehr schnell, daß man aus dem zur Meditation anstehenden Textgeflecht einzelne Fäden oder Stränge herausisolieren kann, sobald man sich nur die augenfälligen Schematisierungshilfen der "Textur" zunutze macht, um sich aus den scheinbar nur kumulierenden Mittelzeilen des Gedichts das jeweils Zusammenpassende in einem *Do-it-yourself*-Verfahren herauszusuchen. Es ergibt sich als ein erster Strang folgende Lesung: "As withereth the primrose by the river, so withers the rose of praise, fair praise. The withered primrose by the mourning river (is an) emblem that the treasures we uplay soon wither." Analoge Stränge oder "Auflösungen" der Aussagetextur lassen sich von einem jeden der übrigen drei Ausgangsbilder aus "ent-wickeln".

Vertextung als Labyrinth-Spiel

Dieses überaus trickreiche "Vertextungsverfahren", in dem gestaffelte Gruppierungen von Textelementen in verschränkter Aufzählung aufeinander beziehbar sind, um vom Leser herausgelöst und neu zusammengesetzt zu werden, nennt die Rhetorik RAPPORT–SCHEMA (oder VERSUS RAPPORTATI, "zurückgetragene Verse"). Erst durch die Auflösung der Verskombination im Prozeß des Lesens wird ein solches "Rapportieren" realisiert, während der noch "unaufgelöste" Textverlauf zu falschen Lesungen verführt. Man spricht daher auch von einem "VERFÜHRUNGSGEDICHT", im Englischen von einem TRICK POEM. Ein bekanntes deutsches Beispiel ist das Epigramm von Martin Opitz, "Die Sonn, der Pfeil, der Wind / verbrennt, verwundt, weht hin / Mit Feuer, Schärfe, Sturm / Mein Auge, Herze, Sinn". Dieser Text muß vom verstehenden Leser folgendermaßen aufgelöst werden: "Die Sonn verbrennt mit Feuer mein Auge, der Pfeil verwundt . . ." usw. – Als englisches Beispiel bietet sich das *trick poem* an, das manchmal *A Sonnet* überschrieben ist (obgleich es kein Sonett ist) und manchmal den Titel *The Lover's Maze* ("Labyrinth des Liebenden") trägt und das im allgemeinen Sir Walter Raleigh (1552?–1618) zugeschrieben wird. Man kann es sowohl waagerecht als auch senkrecht lesen:

Hir face,	Hir tong,	Hir wit,
So faire,	So sweete,	So sharpe,
First bent,	Then drew,	Then hit,
Mine eie,	Mine eare,	My hart,
Oh face,	Oh tong,	Oh wit,
With frownes,	With checke,	With smart,
Wrong not,	Vexe not,	Wound not,
Mine eie,	Mine eare,	My hart.

Boltons Text hat sich als ein Kabinettstück, eine *tour de force* der schematisierten Rhetorik erwiesen. Um das "Wie" der Bedeutungsstiftung dieses für sein Zeitalter nicht untypischen Gedichts herauszuarbeiten, ist die Isolierung und Benennung der im einzelnen verwendeten Kunstgriffe sinnvoll. Das folgende Schema, das in der letzten Spalte die wichtigsten der von uns erörterten Termini in Großbuchstaben aufführt, mag als eine Art von Ergebnisprotokoll für ein solches Inventarisieren gelten:

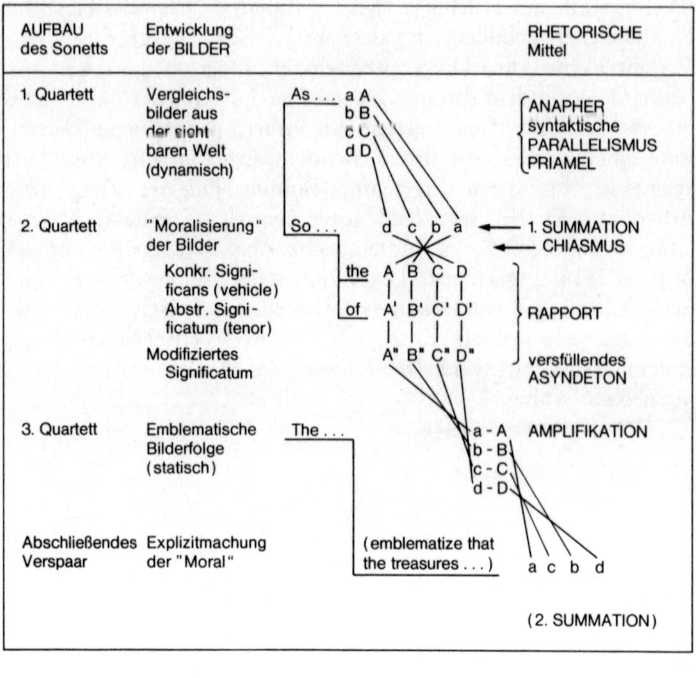

Worauf es jedoch hier wie stets ankommt, ist die Analyse des *Funktionierens* der inventarisierten Kunstgriffe und die Frage nach dem geistigen Hintergrund dieses Funktionierens. Boltons Text baut sich selbst als ein spielerisch sinnstiftendes Gehäuse vor dem Leser auf: Schutzgehäuse gegen die von ihm thematisierte Sinn-Flüchtigkeit menschlichen Existierens, wie sie zu Beginn unserer Neuzeit gesehen wurde. Das Gedicht lebt aus der Raffinesse seiner perspektivistischen Virtuosität, die an die phantasiebeflügelnden Lieblingsspielzeuge jener Epoche der leidenschaftlichen Spekulationslust erinnert: an das im Jahrzehnt vor der Entstehung von Boltons Sonett entwickelte Mikroskop und das im Jahrzehnt danach von Galilei popularisierte Fernrohr. Zu denken ist auch an die manieristische Mode "vexierender" Geheimbilder in den Jahren, als Shakespeares *Hamlet* uraufgeführt wurde – an die "änigmatische" Arcimboldi-Schule mit ihren konstruktivistischen Rebus-Metamorphosen (Portraitköpfe aus Früchten, Tieren, Töpfen, die Herodes-Figur aus Kinderleichen gebildet), die das oben (S. 29) erwähnte moderne Verfahren von Otto Dix vorwegnehmen. Oder an die schon von Leonardo erfundene bizarre *Trompe-l'œil*-Spielerei der "ANAMORPHOSE" (d. h. der streng gesetzmäßig verzerrt gezeichneten Darstellung einer Vorlage, die durch Sichtwinkelveränderung unverzerrt erscheint), für deren Erzeugung Boltons jüngerer Zeitgenosse Athanasius Kircher sehr bald sogar spezielle Apparaturen einer *"Magia Anamorphotica"* austüfteln sollte. Aber zu denken ist auch an Napiers 1614 ausgeklügelte Logarithmentafel und an die vier Jahre nach Boltons Tod von Descartes vorgestellte analytische Geometrie, die als eine wahrhafte Kunst des "Auswechslerischen" und der systematischen Sichtwinkelveränderung das Denken der Epoche in ihren Bann schlug.

7. Der Text zwischen Epochenkonvention und Nonkonformismus: Ein *close reading* von Donnes *Canonization*

Was "CLOSE READING" heißt, wird von einem undogmatischen Fürsprecher dieser Lesekunst mit Umsicht folgendermaßen umrissen:

"'Close reading' heißt wiederholtes, jede Einzelheit erschließendes, an wichtigen Stellen etymologisch sondierendes, alle Sachprobleme klärendes, den Kontext bewahrendes, die Form beachtendes, den Gesamteindruck läuterndes und vertiefendes Lesen eines Textes, bei dem die philologische Arbeit den ästhetischen Genuß nicht aufhebt, sondern erst bewußt macht".[1]

Verglichen mit dem, was uns als Gedichtlesern also hier zu tun auferlegt wird, mag die Aufforderung, an einem Sonntagvormittag die Quadratur des Zirkels dreidimensional vorzunehmen und anschließend noch ein Perpetuum Mobile zu konstruieren, als vergleichsweise leichter verwirklichbar erscheinen. Aber man lasse sich nicht einschüchtern. Nichts wird so heiß gegessen wie man es kocht.

Bei einem schwierigen Gedicht beginne man mit der Paraphrase

Bevor man nach einem Interpretationsschlüssel für ein so schwieriges Gedicht wie John Donnes *The Canonization* Ausschau hält (oder nach mehreren Schlüsseln), sollte man es sich unter dem Gesichtspunkt seiner Paraphrasierbarkeit ansehen. Dieses setzt keineswegs die Annahme voraus, mit der Paraphrase könne man etwa den vollständigen Bedeutungsgehalt des Texts nachzeichnen. Vielmehr dient solch eine Prosaparaphrase eines fremdsprachlichen poetischen Wortgefüges zu einer ersten Durchleuchtung seiner syntak-

[1] Rudolf Haas, *Theorie und Praxis der Interpretation* (Berlin, 1977), S. 70. – Haas ist übrigens auch die höchst beherzigenswerte Maxime zu verdanken, daß "der Weg zur englischen Lyrik . . . nicht über Emil Staiger, sondern über das New English Dictionary" führe (*Wege zur englischen Lyrik in Wissenschaft und Unterricht.* Heidelberg, 1962, S. 23).

THE CANONIZATION

For God's sake hold your tongue, and let me love,
  Or chide my palsy, or my gout,
My five gray hairs, or ruined fortune flout,
  With wealth your state, your mind with arts improve,
    Take you a course, get you a place,
    Observe his honour, or his grace,
Or the King's real, or his stampèd face
  Contemplate; what you will, approve,
  So you will let me love.

Alas, alas, who's injured by my love?
  What merchant's ships have my sighs drowned?
Who says my tears have overflowed his ground?
  When did my colds a forward spring remove?
    When did the heats which my veins fill
  Add one man to the plaguy bill?
Soldiers find wars, and lawyers find out still
  Litigious men, which quarrels move,
  Though she and I do love.

Call us what you will, we are made such by love;
  Call her one, me another fly,
We're tapers too, and at our own cost die,
  And we in us find th'eagle and the dove.
    The phoenix riddle hath more wit
    By us; we two being one, are it.
So to one neutral thing both sexes fit,
  We die and rise the same, and prove
  Mysterious by this love.

We can die by it, if not live by love,
  And if unfit for tombs and hearse
Our legend be, it will be fit for verse;
  And if no piece of chronicle we prove,
    We'll build in sonnets pretty rooms;
    As well a well-wrought urn becomes
The greatest ashes, as half-acre tombs,
  And by these hymns, all shall approve
  Us *canonized* for Love:

And thus invoke us: "You, whom reverend love
  Made one another's hermitage;
You, to whom love was peace, that now is rage;
  Who did the whole world's soul contract, and drove
    Into the glasses of your eyes
    (So made such mirrors, and such spies,
That they did all to you epitomize)
  Countries, towns, courts: beg from above
  A pattern of your love!"

John Donne

tischen Architektur und damit der Erhellung von Dunkelheiten seines gedanklichen Arguments, die etwa aus verkürzender Satzfügung, aus der Verknüpfung von Bildlichkeiten oder aus anderen poetisch-konstruktiven Eigentümlichkeiten resultieren. Der folgende Rohentwurf bietet eine solche schematisierende PROSAPARAPHRASE, die letztlich nichts weiter tut, als das im Originalwortlaut Vorhandene zu größerer Übersichtlichkeit umzuformulieren. Der Entwurf stellt etwa das dar, was man als aufmerksamer Leser dem Gedicht beim zweiten Textdurchgang entnehmen kann.

1

For God's sake hold your tongue, and let me love!
Chide either my palsy – or my gout
Flout either my five gray hairs – or my ruined fortune

Improve either your state with wealth – or your mind with arts
Take either steps towards a career – or *get* yourself a position
Observe either "His Honour" – or "His Grace"
Contemplate either the King's real face – or his face stamped on coins –
Try anything you like, as long as you will *let me love!*

2

No one really is injured by my love!
My sighs have not drowned any merchant's ships
My tears have not overflooded any man's ground
My "colds" have never retarded an early springtime
My "heats" have never added anybody to the death list in time of plague

Soldiers still find wars
Lawyers still find out contentious people who stir up quarrels –
Although *she and I do love!*

3

Whatever you care to call us, we are made such by love!
You may (for instance) call her one *fly*, and me another *fly:*
(then) (1) we're also two *tapers* and die at our own cost,
and (2) each of us finds the *eagle* and the *dove* in one another,
(and) (3) we two being one, are what the riddle of the *phoenix* really means:
– it is this way that *both sexes* fit together to make *one neutral thing,*
– and (like the phoenix) we *die and rise the same*
And (therefore) *we prove mysterious by this love!*

4

We can die by it (i. e. by this love), even if we cannot live by love!
Our *legend* will be fit for *verse* – even if unfit for tombs & hearse
We'll build pretty *rooms* in *sonnets* – even if we don't prove a piece of chronicle
A well-wrought urn befits the greatest *ashes* – just as well as half-acre tombs
On the grounds of *these hymns* all shall approve us to be *canonized for love!*

5

And this is how all (future lovers) are going to invoke us:
"You whom saintly love has made two *hermits*, each of you taking the other one for his *hermitage*,
You to whom love was *peace*, although it is nowadays only a lustful fever,
You who contracted the whole *world's soul* (countries, towns, courts, and all) into the mutual reflections of your *eye-balls* –
Pray for us to receive from heaven a *pattern of your love!*"

Die erste Strophe

Die erste Strophe setzt der Paraphrase keine Schwierigkeiten entgegen, sobald man die im modernen Englischen unüblichen Konjunktionenfolge *or . . . or* durch das heute gängigere *either . . . or* ersetzt. Im Grunde bedarf es, wie man rasch bemerkt, hier gar keiner Paraphrase, d. h. der Ersetzung des Vorlagetexts durch eigene Umschreibungen. Es reicht aus für das Verständnis, wenn man die Konstruktionen etwas umgangssprachlicher (prosagemäßer) zurechtrückt und den archaischen Wortsinn von *approve* (hier nicht "billigen", sondern wie das lat. Verbum *adprobare,* von dem es sich etymologisch herleitet, "ausprobieren") durch das klarere *try* verdeutlicht.

Die Ersetzung wird vom *Shorter Oxford English Dictionary* gedeckt, das sich immer wieder als ein nahezu unentbehrliches Handwerkszeug bei der Erarbeitung älterer englischer Gedichte erweist. (Man findet dort unter *Approve* unter der Ziffer II die Angabe: "1. † To put to the proof; to try – 1770" – d. h. bis zum Jahre 1770 nachweislich ist die alte Wortbedeutung belegt.)

Was hat diese Ersetzung den Originalwortlaut einbüßen lassen? Die Antwort, die auf die Differenz zwischen paraphrasierbarem "Inhalt" und poetischem Textsinn abzielt (genauer also: auf die vom poetischen Text kommunizierte Bedeutung), kann von drei Beobachtungen ausgehen: (1) reimt *approve* mit *love* (es ist allerdings kein richtiger Vollreim sondern ein sogenannter "AUGENREIM", d. h. ein Reim zwischen Wörtern, die gleiche Schreibung bei unterschiedlicher Aussprache der Reimsilben aufweisen; dennoch: ein Reim, also ein Stiften von Beziehung); (2) steht das Wort in einer Dreierreihe von Verben, die lateinischen Ursprungs sind und in der Sprache der Logik bzw. der Philosophie Fachausdrücke sind *(observare, contemplare, adprobare)*; und (3) erhält *approve* durch das zweimalige Auftauchen des Wortes *prove* (in Str. 3 und 4) sowie durch sein Wiederauftauchen in Str. 4 unmittelbar vor dem Schlüssel- und Titelwort *canonized* ein mehrfaches Echo.

Am Beginn steht ein Fluch. Die rasante Imperativ-Formel: "Halt's Maul, um Gottes Willen, laß mich lieben!" eröffnet eine Folge von insgesamt zehn Imperativen (hold / let / chide / flout / improve / take / get / observe / contemplate / approve). Sie gilt einem einstweilen nicht identifizierbaren Gesprächspartner, dem vom Sprecher des Gedichts alsbald in sehr rascher Abfolge sechs Aufforderungen zum Handeln erteilt werden. Da deren jede in antithetischer Weise zweigliedrig ist, ergibt sich eine Zwölfzahl von Einzelpunkten und eine ebenso bewegte wie bunte Kette von Anspielungen. Mit den ersten vier, die deutlich abgesetzt sind von den folgenden acht, weist der Gedichtsprecher seinen imaginären Gegenspieler in fast masochistischer Weise an, ihn persönlich zu verunglimpfen. Daß Liebende jeden Lebensalters unglücklich sein können, überrascht an sich wenig. Daß dieser Liebende dazu aufruft, seine *Gicht*schwäche und physische *Alters*hinfälligkeit zu schelten, sein *Grauhaar* und seinen *Vermögensruin* zu verhöhnen, muß indessen etwas stutzig machen. Dabei bleibt zwar genaugenommen offen, ob es sich um die ersten grauen Haare handelt oder um den gesamten verbliebenen Restbestand. Die Gehässigkeit der Pose, in die der Widersacher des Ich-Sprechers von diesem gedrängt wird, bleibt so oder so beträchtlich. Es muß sich, so darf man schließen, um einen sich trotz seiner Erfolgs- und Ehrgeizlosigkeit letztendlich unangreifbar fühlenden Liebenden handeln und um einen bemerkenswert maliziösen Gegner. Mag man als geneigter Leser noch das Anfangskommando auf sich bezogen haben: Die einem angebotene Rolle als Kontrahent des Liebenden wird man von sich weisen, auch wenn man die Selbstbezichtigung dieses Liebenden für kokette Übertreibung hält.

Die "vita activa" der Anfangsstrophe: auf Welt und Vita des Dichters beziehbar

Nunmehr sieht sich der als Gegenpartei des Sprechers imaginativ aufgebaute Adressat – den man sich offenbar als einen Zeitgenossen des vorerst ebenso unheldischen wie ehrgeizlosen Liebhabers vorstellen muß – gleich achtfach eingeladen, an sein eigenes Fortkommen zu denken. Er soll ruhig, so wird ihm geraten, den Statussymbolen *Reichtum* und *Bildung* nachjagen. Oder er soll berufliche *Karriere*vorbereitungen treffen. Solche etwa, könnte man beiläufig anmerken, wie sie der acht Jahre nach Shakespeare geborene John Donne selber traf, der drei Jahre in Oxford studierte, der vor dem Examen (im Jahre 1587) nach Cambridge überwechselte, weil er damals, im England der großen Königin Elisabeth I., als Katholik keine Prüfungen ablegen durfte und trotzdem der Studienzeitbegrenzung unterworfen war, und der dann ab 1592 für weitere zweieinhalb Jahre in Lincoln's Inn Rechtswissenschaften studierte. Oder er soll sich unverzüglich auf Stellungsuche begeben – etwa einen *Posten* ergattern, wie ihn John Donne nach dem Studium vom Grafen Essex angeboten bekam, in dessen abenteuerlicher Expedition er nach Cadiz und zu den Azoren segelte und dessen Sympathisant er blieb auch über den mißglückten Putschversuch des Jahres 1601 hinaus (nach dessen Scheitern der Graf, vormaliger Favorit der "Virgin Queen", von dieser hingerichtet wurde).

Oder er mag wahlweise in den Dienst eines staatlichen Würdenträgers treten (den er dann als "*Your Honour*" anreden mußte), was auch John Donne selber tat, als er 1596 Privatsekretär von Sir Thomas Egerton wurde, dem königlichen Lord Keeper (Großsiegelbewahrer). (Dessen Gunst sollte sich der Dichter, nebenbei gesagt, sehr bald durch eine skandalumwitterte Geheimheirat verscherzen: er ehelichte ausgerechnet Ann More, Egertons Mündel und noch minderjährig, mit der er dann trotz Verlusts seiner Stellung und vorübergehender Einkerkerung sehr glücklich wurde und die ihm zwölf Kinder gebar.)

Oder er mag kirchlichen Würdenträgern, die man mit "*Your Grace*" anzureden pflegt, seine Dienste anbieten. Unseren Autor selbst redete man erst nach seiner Konversion zur anglikanischen Kirche (der als staatstragend für Beamtenanwärter damals einzig zuträglichen) und nach seiner Bestellung zum Dean of St. Paul's 1621 mit "Your Grace" an. (Dieses Kirchenamt war ein Karrieregipfel: Auch schon vor dem Großen Feuer von London im Jahre 1666 war die Pauls-Kirche, in der Donne als Dekan predigte, Hauptkirche der Stadt.)

Als Höfling mag der Angesprochene schließlich das Antlitz des

Monarchen realiter bewundern *(his real face)*. Oder er mag sich als merkantiler Frühkapitalist betätigen. (In jenen Jahren wurde ja die Londoner Börse gebaut, wurden die ersten ganz großen, weltumspannenden Aktiengesellschaften wie z. B. die East India Company ins Leben gerufen.) Er mag sich in den Anblick des auf Geldmünzen gestanzten königlichen Konterfeis *(his stampèd face)* versenken (vermutlich dann desjenigen von Jakob I., der seit 1603 regierte). Solange er nur den Dichter lieben läßt – das ist die summierende Schlußpointe der Anfangsstrophe – mag er dies alles und mehr versuchen.

Die zweite Strophe

Nachdem der Schlußsatz den schweigsamen Dialogpartner als einen ungebetenen Nörgler entlarvt hat, macht die zweite Strophe nun just die von diesem indirekt getadelte Tatenlosigkeit des weltflüchtig passionierten Poeten zum Angelpunkt von dessen Selbstverteidigung. In einer sich zur ersten Strophe spiegelsymmetrisch gliedernden Blockbildung werden insgesamt sechs Argumente für die Unschuld des sich angegriffen gebenden Sprechers aufgezählt. Er hat, das räumt er ein, Seufzer ausgestoßen und Tränen geweint und ist abwechselnd heiß und kalt geworden vor Liebe – wie jeder der zahllosen Jünger des musterhaft liebenden Francesco Petrarca (s. oben, S. 41). Aber für den Wert- und Wirkungsbezirk seines gefühlsarmen Gegenparts wird glücklicherweise weder die Kälteempfindung des Liebenden eine Frühlingsverzögerung bedeuten, noch sein hitziges Fiebern eine pestilenziöse Gefährdung seiner Mitbürger, noch kann der exzessive Regensturm seiner Tränen die Ernte-hoffnungen auch nur eines einzigen Landwirts beeinträchtigen. Seine Liebe schädigt niemandem auf der Welt sein Geschäft: Kriegsgewinnler können weiter Kriege führen, Rechtsbeamte weiter das Recht verdrehen, unbeschadet der Liebesgewißheit des Sprechers und seiner erstmals und nun plötzlich mit ins Gespräch gebrachten *she*. Abermals, wie in allen rahmenbildenden Anfangs- und Endzeilen der fünf Strophen, kehrt das Argument zu seinem Ausgangspunkt, dem Reimwort *love*, zurück.

Zwischenbilanz: Der Text als dramatisches Argumentieren

Nachdem wir in einiger Gemächlichkeit die Paraphrase der ersten beiden Strophen überdacht haben, empfiehlt sich eine Zwischenbilanz. Der Kunstgriff des Dichters, sich in der ersten Zeile an einen fiktiven Dialogpartner zu wenden, dessen negative Einstellung zur Liebe nur mittelbar zu erschließen ist durch die Art der Ratschläge, die ihm erteilt werden, gibt dem Text einen dramatischen Plädoyer-Charakter. Der Kunstgriff, in der ersten Strophe das ganze Farbenspektrum der Wirklichkeitserfahrung in der elisabethanischen Tatwelt blitzhaft auszuleuchten und die *vita activa,* das "tätige Leben", dann der Seite des unliebenswürdigen Opponenten zuzuschanzen, bedeutet, daß der Liebende für sich und seine Liebe die nach der klassischen Wertlehre viel höher zu schätzende Daseinsform der *vita contemplativa,* des "beschaulichen Lebens", in Anspruch nehmen kann.

In der zweiten Strophe wird das Plädoyer komplexer. Dem Kontrahenten wird untergeschoben, daß er die empfindsamen Überschwenglichkeiten der Seufzer und Tränen des Liebenden vom Standpunkt kalter praktischer Vernunft mißbilligt habe. Gleichzeitig wird er aber seinerseits mit nüchterner Logik aus dem Feld geschlagen. Denn die rhetorischen Fragen insistieren ja darauf, daß weder die Zweckwelt des Handels noch je ein einziger Grundbesitzer, weder der ordentliche Ablauf der Jahreszeiten noch der Zustand der Volksgesundheit im geringsten betroffen seien von der Unbedingtheit einer leidenschaftlichen Liebe.

Exkurs: Topoi und Konzetti

Diese vier Fragen machen die Einführung einiger Fachausdrücke und einen Exkurs zu ein paar über den Text hinausgreifenden Zusammenhängen sinnvoll. Daß die Seufzer eines Liebenden mit der Elementargewalt von Stürmen, daß seine Tränen mit katastrophalen Regenfluten verglichen werden; daß die Kältegefühle von Liebenden verbildlicht werden als todbringende Frostschauer, die die ganze Erde erstarren lassen; und daß man die Gefühlsglut der Liebe mit der verzehrenden Gewalt eines Fieberanfalls und mit Feuerqualen gleichsetzt, das alles sind nicht nur "hyperbolische"

Übertreibungen eines Liebenden. (Vgl. die Definition der Hyperbel, oben S. 42.) Es sind zugleich metaphorische Gemeinplätze, COMMON-PLACES, wie das Englische, oder *loci communes,* wie das Lateinische (LOCUS COMMUNIS, "Gemeinplatz") diese bezeichnet. Seit Ernst Robert Curtius' wichtigem Buch *Europäische Literatur und lateinisches Mittelalter* (1948) hat sich dafür der Begriff des TOPOS (gr. "Ort") eingebürgert. Topoi sind "feste Clichés oder Denk- und Ausdrucksschemata" (Curtius), deren sprachliche Formung von Phrasen und einfachen Bildern bis zu kompliziert ausgeführten *conceits* variieren kann.

CONCEITS (engl.) oder CONCETTI (it. *concetto,* "Einfall", "Begriff": aus lat. *conceptum*), im Deutschen KONZETTI genannt, sind "geistreich zugespitzte Gedankenspiele, gekünstelte Wortspiele, witzige, überraschende Einfälle und weithergeholte Bilder und Metaphern in verschnörkelter Redeform", wie sie Gero von Wilpert mit leicht tadelndem Unterton definiert. Der Witz ihrer Überraschungseffekte (z. B. in Donnes dritter Strophe die "Umdeutung" des Phoenix-Bilds oder in der vierten das Spiel mit dem Urnenbild) schließt keineswegs aus, daß das "Spielmaterial" ihres Jonglierens sehr traditionsreiche Topoi sind. Oft genug beruht ihr Effekt eben darauf.

Donnes vier Bilderfragen als Topoi des Petrarkismus

Donnes vier Bilderfragen in seiner zweiten Strophe sind zum concettistischen Brillieren gebrachte Topoi der gesamteuropäischen Renaissance. Diese Bilder tauchen hundertfältig in den petrarkistischen Sonettzyklen und Madrigalsammlungen der Epoche auf. Sie sind nicht originell. Originell ist allenfalls, *wie* sie verwendet werden. Ihr Auftauchen bedeutet die Einbeziehung des Empfindungsklimas der hochstilisierten Liebes-Etikette: Deren Ironisierung wiederum – im Zuge der Fragen an den Dialoggegner – bedeutet eine Verhöhnung von dessen Wertwelt, beläßt aber das Verhältnis des Dichters selbst zum Petrarkismus sehr diplomatisch im Zustand der Unentschiedenheit – ganz analog zu jener Ambivalenz, die wir im Falle von Shakespeares 130. Sonett (s. oben S. 49) haben beobachten können.

Die Serie der hyperbelhaft übertriebenen Topos-Variationen bewirkt darüber hinaus ein Weiteres. Für den Renaissance-Leser, dessen Denken – namentlich im Moment, in dem das alte Weltbild in seiner Kohärenz die ersten unheilbaren Brüche und Risse erkennen ließ – sich an Analogien und Korrespondenzen ergötzte, konnte sich mit dem Bild der Seufzerstürme unschwer das Element der *Luft* assoziieren; mit dem Bild der Tränenfluten das Element des *Wassers;* mit der starren Frostkälte das Element des Festen, der *Erde;* und mit der verzehrenden Fieberhitze das Element des *Feuers.*

Die Elementenlehre und der Weltbildwandel in Donnes Zeitalter

Die Vorstellung von den VIER ELEMENTEN stellt den Kern des althergebrachten Naturverständnisses dar, das bis in die Renaissance hinein verbindlich blieb. (Man vergleiche die nämliche Viererversammlung in Boltons religiösem Sonett, s. oben, S. 76, oder in dem Liebesgedicht John Dowlands, s. oben, S. 80.) Die Elementenlehre ist aufs engste mit der Vorstellung einer festen Ordnung oder Seinshierarchie verknüpft, wie diese sich aus dem antiken Verständnis des natürlichen Kosmos ergab. Vgl. hierzu Ovids Auskunft über die Entstehung der Welt, in Arthur Goldings Übertragung der *Metamorphosen* (*BACP* 275–276), sowie die 3. Strophe in Herberts *Employment* (*BACP* 221) und die Eröffnungsstrophe von John Drydens *Cäcilien-Ode* (*BACP* 191).

Durch den WELTBILDWANDEL der Renaissance, der sich in Donnes Tagen durchzusetzen begann, wurde auch die Elementenlehre stark in Mitleidenschaft gezogen. Der abrupte Übergang vom ptolemaischen Geozentrismus (die Erde als ruhender Mittelpunkt des geschaffenen Universums gedacht) zum Heliozentrismus der revolutionären Astronomen Nikolaus Kopernikus (1473–1543), Galileo Galilei (1564–1642) und Johannes Kepler (1571–1630) – demzufolge die Erde als ein Planet unter vielen sich um die Sonne bewegt – läßt sich gut an den beiden Welt-Diagrammen in *BACP* (250–251) ablesen. Von Donne selber wird das existentiell Einschneidende der "Kopernikanischen Wende" in seiner *Anatomy of the World* thematisiert (*BACP* 251). Für die Betrachtung der Literatur des 17. Jahrhunderts wie auch für die Ideengeschichte der beginnenden Neuzeit überhaupt stellt die Verarbeitung des unwiderruflichen Verlusts des wohlgeordneten alten Weltbilds eines der weitestreichenden Schlüsselthemen dar.[2]

In den vier Fragen von Donnes Gedichtsprecher wird die vollzählige Vierheit der Elemente also als eine Art von Komplettierung der

---

[2] Zu den anregendsten anglistischen Büchern über dieses Thema gehören Marjorie Hope Nicolson, *The Breaking of the Circle: Studies in the Effect of the "New Science" Upon Seventeenth-Century Poetry* (New York, 1960), und C. S. Lewis, *The Discarded Image: An Introduction to Medieval and Renaissance Literature* (Cambridge, 1964).

kosmischen Weltordnung mitverstanden. Und in der Gegenüberstellung mit der unsublimierten Realwelt seines Dialogpartners etabliert sich spielerisch die Gegenwelt des mittlerweile durchaus schon heroischeren Liebenden. Dessen Welt ist nämlich nicht aus den materiellen vier Elementen zusammengesetzt. Sie ist die bessere der beiden Welten. Denn nicht sie ist korrumpiert, sondern die Welt des Alltags, die der Kaufleute, Grundeigentümer, Soldaten, Winkeladvokaten.

Die dritte Strophe: die Gedankenführung schlägt um

Kommen wir zurück auf unsere Textparaphrase und wenden wir uns der dritten Strophe zu. Schnell ergibt sich, daß die Argumentation ein weiteres Mal umschlägt. Statt der blockartigen Addition von logisch parallel gebauten Aufforderungen (die die Anfangsstrophe aufweist) und anstelle der Reihung von syntaktisch parallel gebauten Fragen (wie sie die zweite Strophe enthält) begegnen wir jetzt einer Gedankenführung, bei der sich die Einzelbestandteile in dialektischer Abhängigkeit voneinander darstellen und auseinander entwikkeln.

Zu Beginn wird dem fiktiven Gegenredner eine weitere hämische Attacke gegen den Sprecher und seine Geliebte in den Mund gelegt. Wie immer aber er die beiden Liebenden nennen möge, sie sind das, was sie geworden sind, durch ihre Liebe geworden. Er mag sie beispielsweise ein Paar von vernunftlos umeinandertaumelnden Fliegen schelten. Gleich als ob die Unterstellung soeben tatsächlich gegen ihn geäußert worden sei, greift sie der Dichter auf, um sie – anfangs im Ton des Gegners, dann in eigenem Tonfall – ernstlich zu widerlegen. Er verharrt jedoch nicht mehr in der Defensiv-Position der zweiten Strophe, sondern geht direkt zum Gegenangriff über.

Die FLIEGE stand in der Renaissance-Zeit in einem denkbar unerfreulichen Licht. Nicht nur der evidente Mangel an sittlicher Zielstrebigkeit der Fliege, auf den hinzuweisen es dem schattenhaften, berechnend aktionistischen Widerpart des Sprechers gut ansteht, und nicht nur die sprichwörtliche Kurzlebigkeit der Fliege ist es, auf die die Schmähung anspielt, sondern es ist noch Schlimmeres im Spiele. Fliegen, so meinte man damals – und man hatte das Wort des großen Aristoteles zum schriftlichen Bürgen für diese Annahme

– pflegen aus verfaulendem Unrat zu entstehen. Und sie pflanzen sich ungeachtet ihrer Parthenogenese (Jungfernzeugung), einer zügellosen Sexualität folgend, schamlos und promiscue fort, ähnlich ungesittet etwa, ähnlich lüstern und hemmungslos wie die Sperlinge der Venus.[3]

Die ganze Aura dieser unseriösen Andeutungen scheint der Gedichtsprecher gelten lassen zu wollen. Ja, er verstärkt sie sogar noch dadurch, daß er in der Folgezeile das ominöse Wort *to die* einführt, das in der englischen Sprache der Renaissance vielfach mit dem Nebensinn des Vollziehens des Geschlechtsakts als eines "kleinen Sterbens" belegt ist. Zusätzlich dürfte in der Zeile eine nicht absichtslose Anspielung auf eine physiologische Vorstellung vorliegen, die in der Renaissance-Medizin weithin als ausgemachte Tatsache galt: daß jeder einzelne physische Liebesvollzug den Mann einen Tag seines Lebens koste – daß ein Asket oder ein Hermaphrodit sich mithin einer wesentlich höheren statistischen Lebenserwartung erfreuen könne. Entlegene Erkenntniswahrheiten dieser Sorte und Güte sind in der gerade wegen ihrer pseudowissenschaftlichen Ungereimtheiten manchmal "metaphysisch" genannten Lyrik John Donnes nicht ungewöhnlich. Sie werden meist mit delikatem Witz behandelt.

Was versteht man unter "Metaphysical Poets"?

Der in der anglistischen Dichtungswissenschaft gebräuchliche Fachterminus METAPHYSICAL POETRY bezeichnet nicht etwa Gedankenlyrik mit schulphilosophischem Inhalt, sondern eine charakteristische Dichtweise und Argumentationsstrategie im 17. Jahrhundert (sowie gelegentlich auch bei deren Bewunderern und Nachahmern im 20. Jahrhundert). Als die Hauptvertreter dieser Schule gelten neben John Donne die Dichter George Herbert, Henry Vaughan, Andrew Marvell und Richard Crashaw. Den Begriff für deren Ausdrucksstil führte im 18. Jahrhundert der klassizistische Kritiker Dr.

---

[3] Vgl. hierzu A. B. Chambers, "The Fly in Donne's 'Canonization'", *Journal of English and Germanic Philology*, 65 (1966), 252–259. – Zur literarischen "Fliegenkunde" im weiteren vgl. Hans-Joachim Zimmermann, "Alexander Pope und die homerischen Fliegen: Ein Beitrag zur philologischen Entomologie", in *Lebende Antike: Symposion für Rudolf Sühnel*, hrsg. von H. Meller und H.-J. Zimmermann (Berlin, 1967), S. 301–332.

Samuel Johnson ein (auf John Dryden zurückgreifend), und zwar mit dem Anstrich starker Negativbewertung: "The metaphysical poets were men of learning, and to shew their learning was their whole endeavour ... they sometimes drew their conceits from recesses of learning not very much frequented by common readers of poetry. The most heterogeneous ideas are yoked by violence together; nature and art are ransacked for illustrations, comparisons, and allusions; their learning instructs, and their subtlety surprises ..." ("Life of Cowley", *Lives of the English Poets*).

Positiv gewertet (so wie sie in unserem Jahrhundert seit Herbert Grierson und T. S. Eliot, ihren einflußreichsten Fürsprechern, positiv gesehen worden sind) ließen sich die von Johnson erkannten Verfahrensweisen etwa so auf die Formel bringen: Ironisch sezierender Intellektualismus auf dem Hintergrund eines desillusionierten Engagements und einer existentiellen Teilnahme an dem im Vollzug begriffenen radikalen Weltbildwandel; die Verbindung von gewollter, scharfsichtiger Dunkelheit mit gelegentlich fast umgangssprachlichen Stilzügen; Pointenstil in paradoxen Antithesen und exakt ziselierenden spekulativen Argumentationen: buchstäblich "über Gott und die Welt", nicht ausgenommen den Tautropfen oder den Floh, der Dichter und Dame plagt; schließlich eine eiskalt wirkende und plötzlich unvermittelt in Leidenschaftlichkeit ausbrechende (oft quasi- oder pseudoreligiöse) Ernsthaftigkeit in ausgeklügelten Sinnfiguren bei der Einbeziehung der "neuen" Physik und der "neuesten" Ethik.[4]

Als Vergleichstexte, an denen herauszufinden wäre, was Dr. Samuel Johnson so mißbilligte und was moderne Bewunderer der "Metaphysical Poets" wie T. S. Eliot, E. E. Cummings und William Empson so nachhaltig hat beeindrucken können, seien empfohlen: George Herberts *Employment* (*BACP* 221), oder das oben (S. 39 f.) abgedruckte Gedicht *Jordan,* Andrew

---

[4] Die verwirrend umfangreiche "Sekundärliteratur" zum Thema beginnt sehr klarlinig mit H. J. C. Griersons Vorwort zu seiner epochemachenden Anthologie *Metaphysical Lyrics and Poems of the Seventeenth Century* (1921), das in T. S. Eliots Essay "The Metaphysical Poets" (ursprünglich als Buchbesprechung im selben Jahre erschienen) ein vielfach verstärktes Echo fand.

Aus der Fülle der auf Grierson und Eliot aufbauenden Arbeiten seien herausgegriffen: G. Williamsons *The Donne Tradition* (1930) und desselben Autors *Six Metaphysical Poets: A Reader's Guide* (1967); Rosemond Tuve, *Elizabethan and Metaphysical Imagery: Renaissance Poetic and Twentieth-Century Critics* (1947); Joan Bennett, *Five Metaphysical Poets* (1964, 1. Aufl. 1934).

Brauchbare neuere Überblicke, die in das Umfeld jener für die englische Dichtungsgeschichte so bedeutsamen Epoche einführen, sind: Helen Gardner, *The Metaphysical Poets* (Oxford, 1961); Jim Hunter, *The Metaphysical Poets* (Liverpool, 2. Aufl. 1968); Earl Miner, *The Metaphysical Mode from Donne to Cowley* (Princeton, 1969); Patricia Beer, *An Introduction to the Metaphysical Poets* (London, 1972).

Marvells *To His Coy Mistress* (s. S. 120 f.), Henry Vaughans *The Waterfall* (*BACP* 229), Richard Crashaws *Charitas Nimia* (*BACP* 194 f.), sowie von den Modernen T. S. Eliots *The Hippopotamus* (*BACP* 304 f.), E. E. Cummings' *"pity this busy monster, manunkind"* (s. S. 136) und William Empsons *This Last Pain* (*BACP* 269 f.).

Der Gegenschlag des Liebenden

Charakteristisch für die Technik Donnes als eines "metaphysical poet" ist, wie sein Gedichtsprecher nun zum Gegenschlag ausholt, wiederum den Opponenten mit dessen eigenen Waffen schlagend. "Wenn wir zwei (zugegebenermaßen unappetitliche) Fliegen sind", das ist gewissermaßen – wenn auch in anderen Worten detailliert – seine Entgegnung, "so ist zugleich jeder von uns (weil die Liebe ein Feuer ist) auch die brennende Kerze, in die der andere sich fliegengleich zu seiner Selbstvernichtung stürzt. Und wie die Kerze in ihrem Verbrennen nur aus der eigenen Substanz lebt und die Außenwelt nicht das geringste kostet, so kann uns Liebende auch hierin eigentlich kein Vorwurf treffen. Mehr noch: wir schwirren zwar umeinander herum wie zwei zappelige Fliegen, gleichzeitig aber besitzt ein jeder von uns sowohl die unbändige Wildheit eines Adlers als auch die reine Sanftheit einer Taube. Wechselseitig sind wir einander nämlich sowohl das tyrannische Raubtier, das der Lieblingsvogel Jupiters ist, wie das hingebungsvolle fromme Opfertier, das den Wagen der Venus durch die Himmel zieht. Ja, noch mehr: da wir beide uns in genau der Weise lieben, die Plato je zwei von Anbeginn füreinander bestimmten Menschen zuspricht, trifft am ehesten noch das Bild des Phönix auf uns zu, der wie Adler und Taube ein ganz besonderer Vogel ist. Er pflegt sich in sein aus aromatischen Kräutern selbstbereitetes Nest zu begeben, um sich dort zu verbrennen wie Fliegen in der Kerzenflamme. Aber im Gegensatz zu diesen gelingt es dem Feuervogel, sich stets allein aus sich selbst zu regenerieren, da er verjüngt als derselbe, der er war, aus den Flammen emporsteigt."

Soweit etwa das "Argument" – zugegebenermaßen stark von uns erweitert, aber wohl kaum verfälscht. Mit anderen Worten: Die zweideutige Schmähung von der Fliegennatur der Liebenden ist nicht nur widerlegt worden, vielmehr ergibt sich – einigermaßen überraschend – als Schlußfolgerung, daß der tiefere Sinn der uralten Phönix-Mythe überhaupt erst richtig begriffen werden kann, wenn man sie als eine prophetische Vorwegnahme der gegenwärtigen und einmaligen Liebe unseres momentanen Gedichtsprechers interpretiert.

Neuplatonische Liebes-Metaphysik

Daß die Logik des Argumentierens, hier wie schon in der zweiten Strophe, eher geistreich und atemberaubend als für jedermann zwingend stichhaltig ist, dürfte ebenso handgreiflich sein wie der qualitative Umschlag der Atmosphäre des Argumentierens. Statt der mit leichter Hand bewerkstelligten, witzigen Reaktivierung abgegriffener petrarkistischer Metaphern zum Zweck der ironischen Selbstverteidigung haben wir es jetzt mit einem zwar nicht minder witzigen, aber doch sehr viel ernsthafteren Einbeziehen von Bildvorstellungen der platonisierenden LIEBES-METAPHYSIK zu tun, wie sie in den Traktaten der Renaissance-Philosophen Marsilio Ficino (1433 bis 1499), Pico della Mirandola (1463–1494) oder Leone Ebreo (ca. 1460–ca.1523) bedacht worden war.[5] Während die üblichen petrarkistischen *conceits* oder Bildverarbeitungen vergleichsweise eher eindimensional wirken, bringt die Bilderfolge Fliege-Kerze-Adler-Taube, in der Zielvorstellung des Phönix "in-eins-gesetzt", in der entscheidenden Mittelstrophe des Gedichts eine Bedeutungsausstrahlung auf mehreren Ebenen zugleich zuwege. Es sind alles "emblematische" Bilder, d. h. solche, die in den verbreiteten Emblemsammlungen der Zeit an prominenten Stellen und oft auftreten.

Nicht so sehr die Praxis der Emblematiker ist für unseren Zusammenhang vor allem von Belang, sondern die Denkweise hinter ihr. Man griff nahezu wahllos auf Symbole und Bildfigurationen aus christlichen, klassisch-antiken und alltäglichen Bereichen zurück, um sie unter eklektischer (d. h. von allem etwas auswählender) Berücksichtigung von Traditionsweisheit, manchmal aber ebenfalls recht wahllos, mit christlicher Theologie oder neuplatonischer Metaphysik zu "harmonisieren" oder exegetisch zu befrachten.

[5] Dazu vgl. John Charles Nelson, *Renaissance Theory of Love* (New York, 1958).

TO THE RIGHT HONOVRABLE ROBERT, EARLE OF SALISBVRIE, AND LORD HIGH TREASORER OF ENGLAND, &c.

ROBERTVS CAECILIVS.
Is cœlebs, Vrit cura.

TH' Arabian PHOENIX heere, of golden plumes,
And bicie breſt, vpon a ſacred pile
Of ſweeteſt odors, thus himſelfe conſumes;
By force of PHOEBVS fiery beames, the while,
From foorth the aſhes of the former dead,
A faire, or fairer, by and by is bred.

You, you (Great Lord) this wondrous PHOENIX are,
Who waſt your ſelfe in Zeale, and whot deſire,
Of Countries good, till in the end * your care
Shall worke your end, as doth this PHOENIX fire.
But while you are conſuming in the ſame,
You breede a ſecond, your immortall Fame.

Henry Peacham, *Minerva Britanna* (1612).

Vom PHÖNIX-Bild ging dabei eine ungewöhnliche Ausstrahlungskraft aus.[6] Zahllose Motti oder Auslegungsformen konnten auf ihn bezogen werden. (Vgl. das hier reproduzierte Emblemblatt aus Henry Peachams *Minerva Britanna.*) Man schrieb dem Phönix das lateinische Motto *Perit ne pereat* zu ("Er vergeht, um nicht zu vergehen"); im Italienischen *Mi fa ben' chi mi noce* ("Mir tut gut was mir schadet"); oder im Spanischen *Dal mismo mi muerte y mi vida* ("Aus dem Nämlichen kommt mir Tod und Leben") – dieses übrigens ein Motto, das auch als Wahlspruch des Heiligen Laurentius und der Heiligen Apollonia galt, beides Märtyrer, deren Schicksale sich im Feuertod vollendeten. Gleichzeitig konnten die Motti *Unica semper avis* bzw. *Semper eadem* ("Allzeit der einzige Vogel" bzw. "Allzeit dieselbe" – weil *avis*, "Vogel", weiblich ist) stets auch als Chiffre für das christliche Auferstehungsmysterium gelesen werden – der aromatisierte Phönix als eine Präfiguration des gesalbten Christus.

Heiligkeitserfahrung und Liebeserfahrung: ineinsgesetzt

Donnes Jonglieren mit vielerlei heterogenen Anspielungskontexten ist für ihn wie für die ganze Dichterschule der "Metaphysical Poets" ein existentielles Spiel in der Schwebe zwischen Frivolität und Ernst. Im gegebenen Falle ist es dabei im wörtlichen Sinn ein Spiel mit dem Feuer (und zwar nicht nur mit jenem Feuer, welches die Liebe ist). Wohl ist mindestens seit dem Hohen Lied Salomos die poetische Gleichsetzung des religiösen Erlebnisses mit dem Liebeserlebnis eine prinzipiell zulässige Verfahrensweise der Dichter gewesen. Seit Paulus (1. *Korinther*, 13) setzt man Heiligkeit mit *agapé*, "Liebe", gleich. Aber *eros* und Heiligkeit? Der Liebende in der Pose des christlichen Märtyrers begegnet mehr als einmal in der Renaissance-Lyrik, ebenso wie die Geliebte nicht selten zur Heiligen gemacht wird. Ein gern zitiertes Beispiel ist Edmund Spensers 22. *Amoretti*-Sonett, in dem der Gedichtsprecher einen allegorischen Gottesdienst für die Angebetete inszeniert: "I . . . on so holy day/For my sweet saint some service fit will find . . .". Spensers Nonkonfor-

[6] Vgl. Jean Hubaux und Maxim Leroy, *Le mythe du phénix dans les littératures grecque et latine* (Paris, 1939), sowie Marion Kaplan, *The Phoenix in Elizabethan Poetry* (Unpubl. Dissertation, University of California, 1964).

mismus besteht jedoch allenfalls darin, die *eigene* Ehefrau zur Geliebten und Muse gemacht zu haben – die noch kurz zuvor undenkbare, tabuverletzende Innovation eines selbstbewußt bürgerlichen Liebeslyrikers. Seine unverbindliche Erhebung der Geliebten zur Heiligen geht ansonsten nicht weiter als das denkbar konventionelle Sonett "Harke you that list to hear what sainte I serue" von Thomas Watson (vgl. oben, S. 44f.; vgl. auch Zeile 10 des dort genannten Sonetts von Bartholomew Griffin, wenige Zeilen vor dem Wortspiel *Griffin / griffon,* dem einzigen originellen Moment jenes Texts.)

Donne aber setzt nicht einfach ein paar klischeehafte Versatzstücke einer konventionalisierten Religiosität zugunsten einer mehr oder weniger entsinnlichten Liebesmetaphorik ein. Er setzt das *reale* Liebeserlebnis mittels der zentralen Glaubensvorstellung des Christentums ins Bild, das Ereignis der körperlichen Vereinigung mittels des zentralen Geschehens der Heilsgeschichte, dem doch alle menschliche Erlösungssehnsucht zu gelten hat.

Hier liegt sicherlich das Kraftzentrum für das Anstößige, für das außerordentlich Gewalttätige dieses Gedichts.[7] Die Liebe von Mann und Frau wird zur innerweltlichen Heilserfahrung. Die so Liebenden werden heiliggesprochen. In den einzelnen Strophen erscheinen die Stadien solcher Heiligkeit unter dem Zeichen der Wesensgemeinschaft von Lieben und *sanctitas:* (Strophe 1:) Wie die Heiligkeit verhält sich die Liebe antithetisch zur Geschäftigkeit der weltlichen *vita activa.* – (Strophe 2:) Wie die Heiligen und Märtyrer aller Zeiten erhebt sich der Liebende auf seiner *via negationis* oder *via remotionis* (d. h. auf seinem Weg der Verneinung oder der Entdinglichung) von der *vita socialis,* der Real-, Sozial- und Alltagswelt der Handelstreibenden und Rechtsanwälte. – (Strophe 3:) Wie die Heiligkeit selbst überkommen die Liebenden Trennung und Tod in einer mystischen *coincidentia oppositorum* (der Vereinigung der Gegensätzlichkeiten). Damit partizipieren sie am Paradoxon der göttlichen Trinität: Jeder ist er selbst, aber auch zugleich der andere. – (Strophe 4:) Wie die Märtyrer erhält das Liebespaar aufgrund seiner heiligmäßigen Integrität im ständigen wechselseitigen Sichopfern auf der *via excellentiae* oder der *via eminentiae* (auf dem Wege der Ausgezeich-

---

[7] Die in diesem Absatz vorgetragenen Gesichtspunkte verdanke ich einem Heidelberger Seminar mit Josef Schwarz, das den literaturdidaktischen Problemen englischer Lyrik galt.

netheit oder der Erhöhung) die Perpetuierung seines Nachruhms. – (Strophe 5:) Und wie die bereits vor dem weltgeschichtlichen Endgericht in den Himmel eingegangenen Märtyrer bekommen auch die Liebenden, denen Liebesgenuß zur seelenreinigenden Askese ward, unverzüglich die Vollmacht als Fürbitte-Instanz für die Nachgeborenen übertragen.

Mit all diesem geht Donne weit über den Rahmen des Üblichen hinaus, hart an die Grenze des Blasphemischen heran. Es wirkt wie symptomatisch, daß sein Porträt aus unbekehrter Jugendzeit (das "Lothian Portrait" der Newbattle Abbey, etwa 1595 gemalt) anstelle des Invokationsworts "Herr erleuchte unsere Finsternis" den keck und weltfroh abgewandelten Inschriftwortlaut *Illumina tenebras nostras, Domina*[8] trägt.

Riskantes Ketzertum war gelebte Wirklichkeit in Donnes Zeit

Man bedenke, wie unmittelbar reales Ketzertum und physisch erlittenes Märtyrertum in die erlebte Wirklichkeit des Dichters hineinragten. Die öffentliche Verbrennung Giordano Brunos (der in seiner Londoner Zeit mit an Sicherheit grenzender Wahrscheinlichkeit Donne persönlich begegnet sein dürfte – die Schriften dieses Ketzers las ohnehin jeder Intellektuelle) wurde an der Schwelle des neuen Jahrhunderts, nicht lange vor der vermutlichen Entstehung unseres Gedichts, in aller Form in Italien zelebriert. Ein richtiger englischer Märtyrer war der Urgroßonkel von Donnes Frau, der Heilige Thomas Morus, gewesen. Und fast wäre auch der Bruder des Dichters ein solcher geworden, Henry Donne: Man warf ihn 1593, nur weil er einen katholischen Priester beherbergt hatte, ins Gefängnis, wo er in kürzester Frist umkam – vermutlich an der gerade wieder grassierenden Pest. (Auch die *plaguy bill* der 2. Strophe war natürlich keine bloße Bildungs-Reminiszenz für jene Zeit.) Ob John Donne bereits zur anglikanischen Kirche übergetreten war, als er das Gedicht schrieb, ist ungewiß, aber wahrscheinlich. Sicher ist andererseits, daß auch ein Anglikaner sich vorsehen mußte, wenn er so

---

[8] Aus dem *Book of Common Prayer* (wo statt *Domina* allerdings *Dominus* figurieren würde im lateinischen Wortlaut): "Lighten our darkness, we beseech thee, O Lord" (*Evening Prayer*, "Third Collect").

brisant wie Donne mit den Kerninhalten christlicher Glaubenstradition spielte.

Das Heiligsprechungs-Ritual der römischen Kirche als Interpretationsschlüssel

Es ist an der Zeit, auf einen Interpretationsschlüssel einzugehen, dessen Erwähnung längst überfällig ist. Über dem Text steht der Titel *The Canonization:* “Die Heiligsprechung”. Mag der Gedichtbeginn ihn auch ein wenig aus dem Blickfeld gedrängt haben, die Mitte führt uns auf ihn zurück. In der Zeitspanne von 1588, als Papst Sixtus V. das Heiligsprechungsritual durch Erlaß revidiert und frisch ins Gespräch gebracht hatte, bis 1625, als Urban VIII. den Wust von Verfahrensregeln “endgültig” ordnete, dürfte der Gedichttitel seinen Zeitgenossen mehr als nur eine beiläufige Anspielung suggeriert haben. Das Überhandnehmen von inoffiziellen Heiligsprechungen allerorten, getragen von der Fanatismuswelle der Gegenreformation, aber häufig eher durch Gründe gezielter Touristenwerbung als durch Anlässe der Heilserfahrung motiviert, hatte dazu geführt, daß die Oberaufsicht der päpstlichen Ritenkongregation verschärft, die Prozedur der “Approbation” verbindlicher als zuvor standardisiert werden mußte.

Wie John Clair[9] gezeigt hat, lassen sich den fünf Strophen unseres Gedichts fünf verschiedene Etappen der umständlichen und akribisch gehandhabten Kanonisierungs-Prozedur der katholischen Kirche zuordnen (vgl. unser tabellarisches Diagramm auf S. 110).

Der Kontrahent des Sprechers: Kein anderer als der “Advocatus Diaboli”

Die Synopsis der Stadien der Kanonisierungsprozedur ist in der Spalte “G” des Diagramms verbucht. Sobald das zuständige Episkopat Grund für die Beantragung eines Verfahrens zu haben glaubte, mußte als erstes die bis ins kleinste Detail makellose und eines Heiligen *in spe* würdige private Lebensführung des Kandidaten unter

[9] John A. Clair, “Donne's ‘The Canonization’ ”, *Publications of the Modern Language Association of America*, 80 (1965), 300–302.

	A	B	C	D		E	F	G	
	shift of point-of-view	development of tone	modes of statement	treatment of theme		development of background	development of imagery	dramatic pattern (canonization processus)	
1	let ME love	pseudo-colloquial address	LET me love	polemical debate to disarm an imaginary opponent to the lover's claims	VITA ACTIVA	love and the actual social setting	literal flat statements palsy gout etc.	proof of personal sanctity	VIA NEGATIONIS (REMOTIONIS)
2	SHE AND I do love	mock-heroic protestation	she and I DO love	playful confession of innocence through preventive refutation of imaginary accusations	VITA SOCIALIS	love and the fashionable Petrarchan love sentiment	hyperbolic (Petrarchan) images sighs: AIR tears: WATER colds: EARTH heats: FIRE	inquiry into virtues practiced in an "heroic" degree (antagonism with the advocatus diaboli)	
3	WE prove mysterious by this love	neo-platonist argument	we PROVE mysterious by this love	serious reasoning for the claims of sanctity through witty use of conceits	VITA CONTEMPLATIVA	love and renaissance metaphysics of love	emblematic (traditional) images fly taper eagle dove phoenix	proof of miracles	VIA EXCELLENTIAE (EMINENTIAE)
4	all shall approve US canonized for love	"grand style" affirmation	all shall APPROVE us canonized for love	self-assured claim of the poet-lover about to be canonized		love and the humanist defence of poetry	poetological metaphors (legend-verse - chronicle - sonnets - rooms/stanzas - hymns)	examination of the burial place and the saint's writings; identification of remains or relics	
5	a pattern of YOUR love	pseudo-liturgical invocation	A PATTERN of your love	model prayer to be addressed to the canonized saints (i.e. lovers)		love and the theology of an after-life	religious concepts (reverend-hermitage-peace-soul)	declaration of sainthood, and veneration of the saint in a first mass	

die Lupe genommen werden. Die Fürsprecher der Kanonisierung mußten sich einem "Generalpostulator" stellen, der als offiziell bestellter *advocatus diaboli* ("Anwalt des Teufels") jeden sich bietenden Ansatzpunkt wahrnahm, um noch den leisesten Verdachtsanflug aus der Vita des Kandidaten seelenkundig zu inkriminieren. Kaum überraschend demnach, wenn sich in der mephistophelischen Rolle des schattenhaften Kontrahenten des Dichters die präzise Figur eines solchen Höllenadvokaten abzuzeichnen beginnt: findig und schlau wie der mit Schnüffelei dienstlich beauftragte Kirchenmann, aber von noch niederer Gesinnung – und zu übertölpeln.

Fünf Strophen als fünf Stadien des Kanonisierungs-Verfahrens

Die *renunciatio mundi* ("Absage an die Welt") des Gedichtsprechers, seine an einer unheiligen Zwölfzahl von Punkten in der ersten Strophe demonstrierte entsagungsbereite Weltfeindlichkeit, rückt damit in ein neues Licht. Die zweite Strophe würde diejenige Etappe der Heiligsprechungs-Recherchen darstellen, in der es zu dokumentieren galt, daß der Kandidat außer bloßer Unbescholtenheit die christlichen *Tugenden* in ungewöhnlichem, in – wie man es damals nannte "heroischem" Maße besessen habe. Die dritte Etappe beinhaltete dann die hochnotpeinliche Untersuchung aller *Wundertaten,* die das Volk dem Heiligen und seinem Nachwirken zuschrieb. Die Liebenden in Strophe 3 vollbringen mindestens drei Wunder: Sie leben durch ihr Sterben, wie die Kerze; sie heben im Mysterium ihrer Wechselidentität alles Unterscheidende auf und sind jeweils das, was der einzelne nicht ist und der andere ist; und ihr drittes und imposantestes Mirakel ist, zugleich "two sexes" zu sein und "one neutral thing", alsbald nach christologischem Vorgang zu sterben und genau als die, die sie waren, wieder aufzuerstehen.

Nach der Rückschau der Ausblick: Als vierte Etappe der Kanonisierungsprozedur ließen sich der vierten Strophe die Nachforschung über die *Begräbnisstätte* des Heiligen zuordnen, die Durchsicht nachgelassener *Schriften* und die Identifizierung von leiblichen Überresten und potenten *Reliquien*, die eventuell für eine spätere Verwendung als Kultheiligtümer in Frage kommen (so wie das Januarius-Blut in Neapel, die Barthaare des Propheten oder die unzähligen Knochen prominenter früher Christen). Und der

Schlußstrophe entspricht die kulminierende Phase des Verfahrens, wenn dieses erfolgreich gewesen ist: die *Seligsprechung* und die solenne Verkündigung der approbierten Verehrungswürdigkeit des neuernannten *Kalenderheiligen,* der nach ersten Probemessen nun als Fürsprecher bei den höchsten Instanzen fungieren kann.

"Close Reading" als Zirkelquadratur

Die synoptische Bilanzierung unseres "Ergebnisprotokolls" (s. S. 110) läßt die Ratlosigkeiten des *close reading* augenfällig werden. Man wird sicher einräumen, daß in der Gedichtüberschrift ein entscheidender Hinweis auf den Interpretationsschlüssel für die dramatische Struktur des Gedichts gegeben ist. Da es zum Verständnis eines Kunstwerks aber in der Regel nicht nur einen Schlüssel gibt, sondern deren mehrere, die je nur einen Teilaspekt zugänglich machen, sind in den Nachbarspalten ein paar der übrigen Interpretationsaspekte eines *close reading* zusammengestellt. Das meiste ist bereits angeklungen: etwa das Material der Spalten B und D–F, wo die Entwicklungslinien des lyrischen Sprechtons, der thematischen Variation, der Hintergrundbezüge und der Bildersprache verzeichnet werden. Entsprechend inventarisieren die Spalten A und C zwei weitere Veränderungsreihen, die sich am Wortlaut der Schlußzeilen einer jeden Strophe ablesen lassen: Einmal modifizieren sich dabei die Personalpronomina im Einklang mit der Gesamtentwicklung des Arguments, zum andern die sprachlichen Darbietungsformen, die die zunehmende Siegesgewißheit des Sprechers widerspiegeln. Die Tabelle ist zugleich eine Dokumentierung der ständigen Notlage, in der sich der Praktiker des *close reading* befindet: Er ist gezwungen, die Einzelzüge des Beobachtbaren zu isolieren, obgleich er gerade beweisen will, daß sie ihre ästhetische und semantische Wirkung allein im Zusammenspiel ihrer Interdependenzen (wechselseitigen Abhängigkeiten) entfalten können. Demnach hätte das Unterfangen des *close reading,* von dessen Definition wir in diesem Kapitel ausgingen, nun doch etwas von der Bemühung um die Quadratur des Kreises. Aber der passionierte Gedichtleser wird sie dennoch immer wieder versuchen.[10]

---

[10] An dieser Stelle sei dem Lesefleiß des forschungshungrigen Gedichtin-

Wir kehren nach so grundsätzlichen Erwägungen ein letztes Mal zu unserer Prosaparaphrase zurück. Schon die oberflächliche Betrachtung läßt erkennen, daß in den Strophen 4 und 5 weitere, beträchtliche Metamorphosen des poetischen Arguments vor sich gehen. In der Syntax überwiegt von nun an das Element der HYPOTAXE (Satzunterordnung) in zeilenumgreifenden Langsätzen (gegenüber dem Element der PARATAXE, d. h. der Nebeneinanderstellung

---

terpreten eine kleine Titelauswahl aus der stattlichen Reihe von anglistischen Arbeiten empfohlen, in denen Donnes Meisterwerk immer wieder neue Auslegungen, zum Teil auf hohem Niveau, erfahren hat.

Wegweisend war Cleanth Brooks' Essay "The Language of Paradox", in *The Well Wrought Urn: Studies in the Structure of Poetry* (New York, 1947 u. ö.). Dieser Essay, der erstmals 1942 veröffentlicht worden war, wurde häufig nachgedruckt: z. B. in Helen Gardner, Hrsg., *John Donne: Twentieth Century Views* (Englewood Cliffs, 1962); Frank Kermode, Hrsg., *Discussions of John Donne* (Boston, 1962); A. L. Clements, Hrsg., *John Donne's Poetry: Authoritative Texts – Criticism* (New York, 1966).

Zu nennen sind ferner: J. B. Leishman, *The Monarch of Wit: An Analytical and Comparative Study of the Poetry of John Donne* (London, 1951); Doniphan Louthan, *The Poetry of Donne: A Study in Explication* (New York, 1951), S. 111–118; Clay Hunt, *Donne's Poetry: Essays in Literary Analysis* (New Haven, 1954) – das Kapitel dieses Buchs, das der *Canonization* gilt, wurde in deutscher Übersetzung veröffentlicht in Willi Erzgräber, Hrsg., *Englische Literatur von Morus bis Sterne: Interpretationen* (Fischer-Interpretationen, Bd. 7; Frankfurt, 1970); William Rooney, " 'The Canonization': The Language of Paradox Reconsidered", *ELH,* 23 (1956), 36–47; M. Krieger, *The New Apologists for Poetry* (Minneapolis, 1956), S. 12–18; Leonard Unger, *Donne's Poetry and Modern Criticism* (New York, 1962), S. 26–30; Louis L. Martz, *The Wit of Love: Donne, Carew, Crashaw, Marvell* (Notre Dame, 1969); Albert C. Labriola, "Donne's 'The Canonization': Its Theological Context and Its Religious Imagery", *Huntington Library Quarterly,* 36 (1972/73), 327–339; Silvia Ruffo-Fiore, "Donne's Transformation of Petrarchan Imagery in *The Canonization*", *Italian Quarterly,* 19 (1975), 53–62.

Aus der Feder deutscher Anglisten liegen zwei eingehendere Arbeiten mit pädagogischer Ausrichtung vor: Gerhard Haefner, "John Donne: 'The Canonization': Eine Interpretation", *Die Neueren Sprachen,* 18 (1969), 169–175; Arno Löffler, "John Donne, 'The Canonization' ", in *Einführung in das Studium der englischen Literatur,* hrsg. von J.-Chr. Rojahn (Heidelberg, 2. Aufl. 1978), S. 35–48.

gleichberechtigter Hauptsätze). Die Musikalität der Sprache nimmt zu. Die Spannung, die die sprödere und stärker philosophische Zentralstrophe beherrscht hat, ist gelöst. Der Tonfall des Triumphierens wird unbeschwerter und zugleich doch auch monumentaler. Er holt sozusagen weit aus. Wie der Phönix aus der Asche erhebt sich der Gedichtsprecher aus dem inständigen Plädoyer für seinen Rechtsanspruch. Die Wunder seiner Liebe sind verkündet, den Religionsmysterien ebenbürtig. Was bleibt, ist das Nachwirken der Liebenden. Ihre "Heiligenlegende" ist nicht in den Chroniken der Welt verzeichnet. Kein Grabmal aus teurem Marmor wird ihnen errichtet. Ihre Wohnstätte ist vielmehr der Freiraum, den sie sich selbst in der Dichtung geschaffen haben. Ihre Asche – also das, was ihre gelebte Liebesglut hinterläßt – befindet sich damit in einer Urne, die schöner als Denkmäler ist und – wie es Horaz (*Oden*, 3:30) ausdrückte – auch *aere perennius*, dauerhafter als Erz.

Das Gedicht als "Well-Wrought Urn"

Was bleibt, stiften die Dichter: So wird derjenige irren, der unseres Sprechers *well-wrought urn* auf Friedhöfen oder in Krypten sucht. Denn als ihr vorletztes Mysterium in diesem Gedicht beweist die Dichterliebe, was im Jargon unserer Tage mit der Trivialformel "The medium is the message" (McLuhan) etikettiert werden kann: Das Gedicht selbst ist die "Urne", von der es spricht. Die *Hymnen*, die die Heiligsprechung bezeugen sollen, sind die gleichen Wortgebilde, aus denen allein der Anspruch auf solche Heiligsprechung erwächst.

Auffällig ist hier also der SOLIPSISMUS, d. h. der gleiche "solipsistische" (auf sich selbst zurückverweisende) Charakter des Texts, den wir bei der Analyse von Sidneys *"Loving in truth"* bereits so stark ausgeprägt gefunden haben (s. oben, S. 56 ff.). Die *pretty rooms* sind ein poetologischer *"pun"* (Wortwitz) genau wie das Wort *feet* bei Sidney: das italienische Wort *stanza* ("Strophe") bezeichnet nämlich auch den Begriff "Raum" im Sinne von "Zimmer". (Man denke an die Raffael-Stanzen des Vatikans, d. h. die Säle, die Raffael ausmalte.) Das Wort *sonnet* bezeichnet in der Terminologie der Zeit nicht nur vierzehnzeilige Liebesgedichte. (Vgl. Donnes eigenen Gedichtband *Songs and Sonnets*, in dem das zur Diskussion stehende Gedicht 1633 erstmals gedruckt wurde.) Die beiden Wörter *these hymns* aber dürften nichts anderes meinen als die fünf Strophen des uns vorliegenden Gedichts.

Was brachte den Phoenix auf seine Urne?

Cleanth Brooks hat in seinem für die angelsächsische Kritikgeschichte wegweisenden Buch *The Well Wrought Urn* (1947) eine Serie von plausiblen Spekulationen angeboten, die den *stream of consciousness* (Bewußtseinsstrom) erhellen wollen, der sich vom Doppelbild der Fliegen und der Fackeln (Zeilen 20–21) über das Bild von Adler und Taube (Zeile 22) bis hin zum ideativen und poetischen Brennpunkt des Gedichts schlängelt, dem Phoenixbild (Zeile 23), das alle übrigen in sich sammelt, da ja der Phoenix geflügelt ist wie Fliege, Adler und Taube, und dazu auch noch brennt wie eine Fackel oder eine Kerze:

"The phoenix figure seems to come in a natural stream of association. 'Call us what you will', the lover says, and rattles off in his desperation the first comparisons that occur to him. The comparison to the phoenix seems thus merely another outlandish one, the most outrageous of all. But it is this most fantastic one, stumbled over apparently in his haste, that the poet goes on to develop." (S. 14 f.)

Auch Donald L. Guss[11] verweist auf die griffige Verfügbarkeit der konventionellen Bilder von Motte und Kerze und Phönix. Dann aber hört er auf einmal aus Donnes Strophe 3 ein Echo von Guarinos Madrigal 37 heraus, wo der liebende Dichter eine materielle Ähnlichkeit zwischen verglühender Motte und regenerierendem Phoenix assoziativ entwickelte: Genau diese habe Donne zur Gedankenkette "verbrennende Fliege – fliegende Partner Taube und Adler – gefiederter Feuer-Märtyrer Phoenix" angeregt. Und damit habe er die Bildstruktur der Zentralstrophe mitsamt der Assoziation der Urne für die Phoenix-Asche determiniert.

Wer sich den Holzschnitt aus Giovanni Gabriele Giolitos Petrarca-Ausgabe ansieht – der sicherlich besten zu Zeiten John Donnes –, den wir hier reproduzieren, hat eine handfestere Inspira-

[11] "Donne's Conceit and Petrarchan Wit", *Publications of the Modern Language Association of America*, 78 (1963), 308–314. – Vgl. auch D. L. Guss, *John Donne, Petrarchist: Italianate Conceits and Love Theory in* The Songs and Sonnets (Detroit, 1966).

SONETTO SOPRA LE SACRE CENERI DEL PETRARCHA E DI LAVRA.

Laura, ch'un Sol fu tra le Donne in terra,
Hor tien del cielo il piu ſublime honore:
Merce di quella penna; il cui valore,
Fa, che mai non ſara ſpenta o ſotterra
Mentre facendo al tempo illuſtre guerra,
Con dolce foco di celeſte amore
Accende e infiamma ogni gelato core;
Le ſue reliquie il piccol marmo ſerra:
Et le ceneri elette accoglie anchora
Di lui; che ſeco ne i ſtellanti ſeggi
Fra Dante et Bice il terzo ciel congiunſe.
Tu, che l'un miri; e i baſſi accenti leggi;
A lor t'inchina; e'l ſacro Vaſo honora,
Che le ſante reliquie inſieme aggiunſe.

A iii

Gabriele Giolito de' Ferrari, *Il Petrarcha* (1544).

tionsquelle für Donnes *Canonization* vor Augen, als es das von Guss aufgezeigte Guarino-Madrigal oder aber das von Brooks angenommene geniale "Stolpern" eines frei assoziierenden Dichtergeists repräsentieren. Die Familie Giolito de' Ferrari, dessen Produktion die reich annotierte bibliophile Ausgabe *Il Petrarcha* (Venedig, 1544) entstammt, der unser Holzschnittblatt entnommen ist, besaß bis 1606 außer dem marktbeherrschenden Verlagsimperium eine Ladenkette von Buchhandlungen, deren jede – ob in Neapel, Ferrara, Bologna oder Venedig – als "Libreria della Fenice" firmierte. Es gibt Hinweise dafür, daß John Donne um 1605 Italien bereiste.[12] Wie hätte er dann bei dieser Gelegenheit nicht seinen guten Freund Sir Henry Wotton besuchen sollen, der dort als Botschafter des Hofes von St. James beim Dogen von Venedig residierte? In Venedig aber befand sich das Stammhaus des Verlags, und der Phoenix-Buchladen der Stadtrepublik (gegenüber von San Apollinare) war damals der beliebteste Treffpunkt für Literaten und Schwarmgeister.

Wie immer jedoch Donne an Giolitos Holzschnitt gekommen sein mag[13] – was er in dem Holzschnitt und dem beigegebenen Petrarca-Gedenktext vorfand, war viel: Eine über die Maßen kunstvoll verzierte Urne, gekrönt vom Phoenix mit dem Schriftband "Semper eadem" (dem Motto des Hauses Giolito); Laura und Petrarca in kontemplativem *vis-à-vis*, einander fast wie Donnes Liebende in die Augen schauend, hätte die unsterbliche Geliebte ihre Lider nicht züchtig ein wenig gesenkt; und im italienischen Begleitsonett (das möglicherweise der Cheflektor des Verlags, Lodovico Domenichi, speziell für die von ihm betreute Standardausgabe geschrieben hatte) die entscheidenden Kern- und Schlüsselideen: daß Laura als im Himmel höchstgeehrte Heilige wohltätig als Vermittlerin fungiere, daß die Nachgeborenen sich vor ihr und Petrarca *(A lor t'inchina)* und vor dem heiligen Gefäß zu verneigen

---

[12] Vgl. R. C. Bald, *John Donne: A Life* (Oxford, 1970), S. 150–151. Donne selbst hat sich darüber ausgeschwiegen. Die Gründe für die Geheimhaltung einer solchen Reise ins katholische Italien können in etwa dem Wunsch heutiger bundesdeutscher Staatsbeamter ähneln, ihre privaten DDR-Besuche nicht an die große Glocke zu hängen. In dem verstärkten Maße, wie solche Gründe heute für ehemalige DDR-Bürger zutreffen mögen, trafen sie damals gewiß für einen Karrierebeamten aus katholischer Familie zu.

[13] Vgl. hierzu im einzelnen H. Meller, "The Phoenix and the Well-Wrought Urn", *Times Literary Supplement* (April 22, 1965), 320.

hätten *(e'l sacro Vaso honora),* und daß die Prachturne selber, die das Bild präsentiert, die gemeinsamen "heiligen Reliquien" berge *(le sante reliquie insieme).* Was für eine Urne aber kann mit diesem Bilde und in seiner Legende gemeint sein? Doch wohl nichts anderes als das Insgesamt der "pretty rooms", die dank der Meisterhand Petrarcas *(Merce di quella penna)* in den "Gebäuden" seines unsterblichen Werks errichtet wurden: zum bergenden Gefäß und zur wohnlichen Behausung für die Quintessenz einer vollkommenen Liebesbegegnung.

Die fünfte Strophe

Das letzte Mysterium der Dichterliebe ereignet sich im Triumph der Schlußstrophe. Sie spricht das "Es ist vollbracht" in der Weise eines liturgisch volltönenden Kulthymnus aus. Sie bringt denjenigen Wortlaut des Fürbitte-Gebetsanrufs vor, den erst entfernte Zukunftsgenerationen von Liebenden dem in der Gegenwart des Liebesvollzugs zu vorbildhafter Vollkommenheit gelangten Paar entgegenbringen werden. Der *advocatus diaboli* ist nunmehr endgültig zum Schweigen gebracht, die Sprechsituation des Gedichtanfangs hat sich in ihr Gegenteil verkehrt. Die Beschwörungsformel "For God's sake hold your tongue!" hat ihre doppelsinnige Wirkung gründlich getan. Die Liebenden, die sich von der Mit- und Nachwelt losgesagt haben, haben den kontrahierten Weltball und die Fülle aller Zeit in der totalen Spiegelung eines Mikrokosmos zurückgewonnen, während sie einander im Halbrund ihrer Augenbälle "erkannten". Sie sind zu heiligen Anachoreten geworden: Jedem von ihnen ist der Körper des anderen seine "Mönchszelle", jeder "wohnt" in der Seele des anderen. So haben sie die Richtigkeit des Aphorismus von Max Horkheimer unter Beweis gestellt, der sich in dessen *Notizen* (1974) findet:

> "Die Versuchung, die eine Frau auf den Mann ausübt und vice versa, ist immer die, ob nicht bei dieser Umarmung die Welt sich verwandelt und das Absolute verwirklicht wird. Man weiß nie, ob bei dieser Vereinigung nicht das völlig Neue sich ereignet. – So ist die Liebe immer – das Sakrileg."

Als eine ohne Askese des Fleisches und ohne päpstlichen Segen heiliggesprochene Zweiheit von Eremiten haben die Liebenden die Erfahrung der rebellischen Märtyrer aller Zeiten gemacht: daß nur der die Welt gewinnt, der sie aufgibt.

8. Die poetische Gattung als Verstehenskonvention: Marvells *Coy Mistress* als pastorales Plädoyer

Andrew Marvells Gedicht *To His Coy Mistress* ein PLÄDOYER für die Liebe zwischen zwei Menschen zu nennen, d. h. eine Überredungs- und Überzeugungsbemühung, ist sicher nicht falsch, aber zu wenig. Dieses rund 50 Jahre nach Donnes *Canonization*, wahrscheinlich in der Unruhe des Bürgerkriegsjahrzehnts in der Mitte des 17. Jahrhunderts entstandene (aber erst 1683 veröffentlichte) Liebesgedicht wurde einst seiner unverhüllten Sinnenfreudigkeit wegen aus Palgraves *Golden Treasury*, dem viktorianischen Hausschatz der unvergänglich erachteten Poesie, verbannt. Heute erfreut es sich um so unumstrittenerer Beliebtheit. Um den Besonderheiten dieses überaus geistvollen Liebes-Spiels, dieses Jonglierens mit Kulturkontexten und Literaturtraditionen gerecht zu werden, empfiehlt sich ein vergleichendes Einlesen.

Vergleichen erschließt Rahmen-Konventionen des Verstehens

Um die Eigentümlichkeit dieser poetischen Argumentationsrede in eine erste Perspektive zu bekommen, vergleiche man die hier zu den entscheidenden Imperativen "Now let us sport us ..., Let us roll ... And tear ..." hinführende Argumentation mit dem "Plädieren", das in den folgenden beiden Gedichten erfolgt: (1) mit der versteckten Aufforderung in Daniels *"Beauty, sweet love, is like the morning dew"* (*BACP* 132); und (2) mit den Argumentationsgrundlagen der Imperative in Arnolds *Dover Beach* (*BACP* 106): "Come ... Listen! ... let us be true / To one another!" – Zu fragen wäre nach den jeweiligen "Begründungszusammenhängen", von denen her die vom Renaissance-Sonettisten Samuel Daniel (1562–1619) nur leicht verhüllt, vom frühbürgerlichen Humanisten Andrew Marvell (1621–1678) und vom viktorianischen Kulturphilosophen Matthew Arnold (1822–1888) unverhüllt ausgesprochene Aufforderung zum Wagnis der Liebe zwischen zwei Menschen leidenschaftlich vorgetragen wird. Eine solche Vergleichsüberlegung mündet in eine Kontrastierung der sich stark voneinander unterscheidenden geistes- und gesellschaftsgeschichtlichen "Epochenhintergründe": Daniel angesiedelt im aristokratischen Geschmacksmilieu der elisabethanischen Hofkultur, Marvell im Spannungsfeld des frühneuzeit-

TO HIS COY MISTRESS

Had we but world enough, and time,
This coyness, lady, were no crime.
We would sit down, and think which way
To walk, and pass our long love's day;
Thou by the Indian Ganges' side
Shouldst rubies find; I by the tide
Of Humber would complain. I would
Love you ten years before the Flood;
And you should, if you please, refuse
Till the conversion of the Jews.
My vegetable love should grow
Vaster than empires, and more slow.
An hundred years should go to praise
Thine eyes, and on thy forehead gaze;
Two hundred to adore each breast,
But thirty thousand to the rest;
An age at least to every part,
And the last age should show your heart.
For, lady, you deserve this state,
Nor would I love at lower rate.

But at my back I always hear
Time's wingèd chariot hurrying near:
And yonder all before us lie
Deserts of vast eternity.

Thy beauty shall no more be found,
Nor in thy marble vault shall sound
My echoing song; then worms shall try
That long preserved virginity,
And your quaint honour turn to dust,
And into ashes all my lust.
The grave's a fine and private place,
But none, I think, do there embrace.
Now therefore, while the youthful hue
Sits on thy skin like morning dew,
And while thy willing soul transpires
At every pore with instant fires,
Now let us sport us while we may;
And now, like am'rous birds of prey,
Rather at once our time devour,
Than languish in his slow-chapped power.
Let us roll all our strength, and all
Our sweetness, up into one ball;
And tear our pleasures with rough strife
Thorough the iron gates of life.
Thus, though we cannot make our sun
Stand still, yet we will make him run.

Andrew Marvell

lichen Weltbildwandels, Arnold im Empfindungsklima engagierter Bildungsethik in einer zunehmend glaubenslos werdenden Industriegesellschaft.

Anders wird man fragen, wenn man sich nun drei weitere Liebesplädoyers aus der Zeit der englischen Renaissance ansieht, der auch Marvell noch zugerechnet wird: (1) Christopher Marlowes *The Passionate Shepherd to His Love* (*BACP* 117); (2) Ben Jonsons *Song, to Celia* (*BACP* 178); und (3) Shakespeares Sonett 116 "*Let me not to the marriage of true minds*" (*BACP* 138). – Marlowe und Shakespeare wurden im selben Jahr (1564), Jonson wahrscheinlich 8 Jahre später geboren. In allen drei Texten werden Argumente vorgetragen, die bei einem vom jeweiligen Gedichtsprecher aufgebauten Liebespartner überzeugend wirken sollen. Diese zweite Vergleichsübung wird also nicht so sehr auf Unterschiede im Epochenklima als auf Unterschiedlichkeiten des Sprechtons, der Argumentverknüpfung und der suggerierten Wertvorstellungen abzielen. Daß die Verfasser ihre sozusagen "gleichzeitig" vorgetragenen Liebesplädoyers im Rahmen mindestens zweier getrennter "Verstehenskonventionen" schreiben, legt ein Blick auf die Gattungszugehörigkeit ihrer Texte nahe: Marlowe und Jonson schreiben sorglos verspielte und in manchem Marvell vorwegnehmende Überredungsübungen im konventionellen Ton von "Hirtengedichten", d. h. sie arbeiten innerhalb der Tradition und der Verstehens-Spielregeln der sogenannten "Pastoraldichtung". Shakespeare dichtet in einem stark individuell gefärbten Pathos im Verständigungshorizont der Sonettkunst seiner Zeit. Wie bedeutsam derlei literarische Rahmen-Konventionen nicht nur für die Produktion und Rezeption des einzelnen Sprachkunstwerks sind, sondern auch für seine Interpretation, läßt sich an der gewiß einleuchtenden Beobachtung demonstrieren, daß wir uns für Shakespeares Liebesplädoyer in Sonett 116 nicht so ohne weiteres ein zeitgenössisches Widerrede-Gedicht von der Art vorstellen können, wie es Sir Walter Raleigh in seinem Gedicht *The Nymph's Reply to the Shepherd* (*BACP* 117) in bezug auf Marlowes Überredungsbemühung geliefert hat.

Die pastorale Tradition als Verstehens-Konvention

Kaum eine der lyrischen Gattungen ist traditionsorientierter als die PASTORALDICHTUNG (lat. *pastor,* "Hirte"), die auch HIRTEN- oder SCHÄFERDICHTUNG genannt wird. Ihre Geschichte ist die Wirkungsgeschichte der heiteren, BUKOLISCHEN IDYLLEN (gr. *boukolos,* "Rinderhirt"; gr. *eidyllion,* "kleines Bild") des griechischen Dichters Theokrit (ca. 310–ca. 250 v. Chr.) und der gedankenreichen EKLOGEN (gr. *eklogé,* "Auswahl") des Römers Vergil (70–19 v. Chr.).

Ihr Hintergrund ist die Spannung zwischen der Stadtzivilisation und dem Landleben als der Gegensatz zwischen der *vita activa*, dem "tätigen Leben" im friedlos-brutalen Getriebe einer hochentwickelten Gesellschaft, und der *vita contemplativa*, dem "beschaulichen Leben" innerhalb eines glückhaft-natürlichen Ordnungskosmos.

OTIUM (lat. "Muße"), d. h. die kultivierte Handlungsfreiheit des Individuums, ist Vorbedingung von Pastoraldichtung. Von jeher hat diese folglich mehr mit privilegierten Aristokraten als mit wirklichen Schäfern zu tun. Pastoraldichtung ist nicht Dichtung des Landlebens, sondern Dichtung der ARKADISCHEN TRÄUME des edlen Städters von der Schlichtheit des Landlebens. (Die hügelige Landschaft Arkadien mitten auf der Peloponnes galt bei den Alten als Heimstätte bukolischer Glück- und Friedhaftigkeit. Dort, wie auch im thessalischen Tempe-Tal, pflegten sich Götter noch unbefangen unter die Sterblichen zu mischen: vgl. die Eingangsstrophe von Keats' *Ode on a Grecian Urn, BACP* 209.) – Ihr Lokal ist regelgemäß ein LOCUS AMOENUS (lat. "schöner Ort"), eine Ideallandschaft, die mit allem wohlausgestattet ist, was den Schäfer glücklich macht: vom Brünnlein und der wohnlichen Grotte bis zum schattenspendenden Hain am blumigen Wiesenrand. (Eine farbenfrohe Schilderung des Hirtenlebens an so schönem Ort gibt Theokrit in seinem 7. *Eidyllion*, 132 ff.) Daß im *locus amoenus* immer Frühling ist, läßt ihn leicht in die Nähe des irdischen Paradieses rücken, wie etwa ein Vergleich mit John Miltons Schilderung des Garten Eden in *Paradise Lost* (4 : 214–268) zeigt.

Pastoraldichtung und die gesellschaftliche Wirklichkeit

Seit Theokrit, der in der Großstadt Syrakus und in der Weltstadt Alexandria lebte, die Überlieferung einleitete, dichtet der Bukoliker sehnsuchtsvoll in der Stadt oder ist zumindest das Produkt ihrer verfeinerten Lebensform, ihrer Schulen und Universitäten. Obgleich archaische Mythen wie der Mythos des GOLDENEN ZEITALTERS (hierzu vgl. den klassischen Passus aus Ovids erstem *Metamorphosen*-Buch, V. 89 ff., sowie Vergils rätselhafte 4. Ekloge) aufgenommen wurden, gibt es keine "primitive" Pastoraldichtung. Hauptmerkmale der Konvention sind: raffinierte, sentimentalisch affektierte Einfachheit, elegante Stilisierung, die bis zum Mummenschanz in artifiziell verkleideter Natur gehen kann (man denke an die späten Rokoko-Schäferspiele an europäischen Fürstenhöfen, insbesondere an die

Parkfeste der glücklosen Marie Antoinette), und spielerische Freiheiten kunstverständiger Formgebung im Rahmen der Verbindlichkeiten der Tradition.

Als Idealisierung des Schäferstands (der doch in der Antike ein Stand der Leibeigenschaft gewesen war) vermag die Pastoraldichtung wirklichkeitsverschleiernd, also sozusagen "systemstabilisierend" zu fungieren. Sie besitzt zweifellos einen "eskapistischen", d. h. zufluchtssuchenden und zufluchtbietenden Aspekt. Andererseits kann sie im Rückgriff auf die verpflichtende Maßstäblichkeit des Goldenen Zeitalters Unzulänglichkeiten der je konkreten Gesellschaftswirklichkeit kritisch durchleuchten und damit geißeln. Sie kann dank ihrer Camouflage-Technik (Tarnungstechnik) neben vielem anderen auch handfeste sozialkritische Anliegen transportieren (vgl. etwa John Miltons Angriffe auf den Stand der Berufskleriker in den Zeilen 113–131 seiner pastoralen Freundes-Totenklage *Lycidas, BACP* 163). Insbesondere kann sie dank ihres Kunstgriffs, das Hohe niedrig und das Niedere erhöht darzustellen, den Perspektivismus der historischen Bezugsverhältnisse zwischen Herrschenden und Beherrschten vermitteln – und damit auch die Idee der grundsätzlichen Veränderbarkeit dieser Verhältnisse.

Literarische Spielarten des Pastoralen

Seit den Anfängen ihrer Geschichte weist die Pastoralpoesie eine Vielfalt von Spielarten in diversen Dichtungsgattungen auf. Den wohl ältesten Grundformen – Liebeslied, Sängerwettstreit, Festlied und Totenklage – kristallisieren sich die verschiedenartigsten Elemente an: didaktische (lehrhafte) Allegorie, mythographische Gelehrsamkeit, verschlüsselte zeitgeschichtliche Satire, persönliche oder politische Anspielungen auf Zeitgenossen, vom PANEGYRIKOS (eigentlich "Festrede", wie sie im alten Griechenland auf einer Festversammlung, *panegyris,* oder zur Verherrlichung eines Anlasses oder einer Person gehalten wurde) bis zur bitteren INVEKTIVE (persönliche oder politische Schmährede; von lat. *invehi,* jemanden "anfahren"). Schon in der Antike hatte neben den Hirtengedichten der Hirtenroman (z. B. Longos, *Daphnis und Chloë*) gestanden. Seit ihrem triumphalen Wiederaufblühen im Italien Petrarcas, Boccaccios und Mantuanus' durchbricht die Bukolik vollends alle literarischen Gattungsgrenzen. Ihre eigentliche Domäne – trotz der

Beliebtheit der Schäferromanzen Sannazaros, Sidneys und d'Urfés und der Pastoraldramatik von Tasso und Guarini über Lyly und Shakespeare bis zu John Gay – bleibt jedoch die Lyrik. Sie bleibt es bis ins 19. Jahrhundert hinein und greift weiterhin auf verschiedene etablierte Gattungskonventionen über: So gibt es denn neben dem pastoralen Sonett die Wiederbelebung der reichen Tradition der PASTORALEN ELEGIE (z. B. Miltons *Lycidas, BACP* 160 ff.), und ein Lieblingsgenre der Klassizisten des 18. und des frühen 19. Jahrhunderts ist die PASTORALE ODE (z. B. Collins' *To Evening, BACP* 194 f., und Keats' *To Autumn, BACP* 211 f.).

England erlebt in der Renaissance nach den ersten Versuchen Alexander Barclays (ca. 1475–1552) und Barnabe Googes (1540 bis 1594) eine Flutwelle der pastoralen Dichtung, die fast alle Gattungen und Techniken erfaßt. Im Sog dieser Welle läßt sich die sogenannte ANAKREONTIK sehen (die auf den griechischen Dichter Anakreon, ca. 580–ca. 495 v. Chr., sich berufende poetische Gepflogenheit, die Themen "Wein, Weib und Gesang" in heidnisch-heitere Verbindung zu bringen). Eine allzu scharfe Abgrenzung ist weder möglich noch wünschenswert.[1]

Das Besondere am Text Marvells

Vergleichen macht es uns leichter, die Spezifik von Marvells Plädoyer zu beschreiben. Dieses führt den Leser – wie den angesprochenen Liebespartner – in drei deutlich voneinander abgehobenen Teilen

[1] Zur Hirtendichtung der englischen Renaissance vgl. Hallett Smith, "Pastoral Poetry: The Vitality and Versatility of a Convention", in *Elizabethan Poetry: A Study in Conventions, Meaning, and Expression* (Ann Arbor, 1968; 1. Ausg. 1952), S. 1–63, und die von Frank Kermode herausgegebene und eingeleitete Anthologie *English Pastoral Poetry from the Beginnings to Marvell* (London, 1952). Eine knappe Skizzierung der englischen Gesamttradition im europäischen Kontext gibt John Heath-Stubbs, *The Pastoral* (Oxford, 1969). Vgl. ferner Peter V. Marinelli, *Pastoral* (The Critical Idiom, 15; London, 1971); Renato Poggioli, *The Oaten Flute: Essays on Pastoral Poetry and the Pastoral Idea* (Cambridge, Mass., 1975); Klaus Garber, hrsg., *Europäische Bukolik und Georgik* (Wege der Forschung, 355; Darmstadt, 1976). Zur englischen Tradition der Anakreontik vgl. Michael Baumann, *Die Anakreonteen in englischen Übersetzungen* (Studien zum Fortwirken der Antike, 7; Heidelberg, 1974).

I "*Had* we but world enough, and time ..." (Zeile 1–20)
II "*But* ... I always hear / Time's wingèd chariot ..." (Zeile 21–32)
III "Now *therefore* ... let us sport us ..." (Zeile 33–46)
durch drei Stadien eines Syllogismus.

Ein SYLLOGISMUS (gr. "Zusammenrechnung") ist in der von Aristoteles begründeten Lehre von den logischen Schlußfolgerungen (Syllogistik) ein Argumentationsverfahren, aus zwei Voraussetzungen (Prämissen) eine neue Aussage, d. h. ein einziges Urteil, nämlich die Schlußfolgerung (Konklusion), abzuleiten. Eine solche Schlußform ist z. B.:

Alle Menschen sind sterblich.
Alle Könige sind Menschen.
Alle Könige sind sterblich.

Unter den *formal* möglichen Schlußfolgerungen sind allerdings keineswegs alle auch *logisch* gültig. Man denke etwa an den Syllogismus von Ionesco:

Alle Katzen sind sterblich.
Auch Sokrates ist gestorben.
Also war Sokrates eine Katze.

Man vergleiche die poetische Syllogismus-Struktur des Marvell-Gedichts mit Abraham Cowleys anakreontischem Plädoyer für die Trinkfreuden, *Drinking* (*BACP* 122). Cowleys kleiner Text läßt sich seinerseits mit Shelleys *Love's Philosophy* (*BACP* 126) kontrastieren, welches eine schalkhaft platonisierende Abwandlung des gleichen handfesten altgriechischen Trinkspruchs ist, auf den Cowleys "Imitation" zurückging. So verführerisch ist das Darlegungsschema, daß es sogar der Erzengel Raphael in seiner erbaulichen Belehrung unserer Ureltern verwendet: vgl. John Miltons *Paradise Lost* (5: 415–26).

Das Überredungsmanöver "carpe diem"

Zielrichtung von Marvells Syllogismus ist die dringliche Aufforderung zum baldestmöglichen Liebesgenuß. Die angeredete Geliebte soll mit scheinbar unanfechtbarer Logik zum Aufgeben ihrer Sprödigkeit überredet werden. Auf eine Paraphrase-Formel gebracht, liest sich das Argument so: "If we had infinite time, I should be happy to court you at leisure. But our life lasts only for a moment: Therefore, in order to live, we must seize the moment as it flies."[2] Dabei wird das rhetorisch raffinierte Überredungsmanöver mit der gewinnenden Mischung von schelmischem Pathos und melancholi-

[2] J. B. Leishman, *The Art of Marvell's Poetry* (London, 2. Aufl. 1968), S. 70.

scher Ironie vorgetragen, die der abendländischen Meditation über das Thema CARPE DIEM bzw. CARPE ROSAM oder CARPE FLOREM ihren charakteristischen Reiz als Sonderform der Anakreontik gibt.

Die drei lateinischen Aufforderungen bedeuten "Nütze den Tag" und "Pflücke die Rose" bzw. "Pflücke die Blume". Diese in ihrer diesseitig-heidnischen Nostalgie endlos faszinierenden Nachbar-Topoi der humanistischen Liebespoesie lassen sich wiederum am besten durch einen Vergleich einiger ihrer unterschiedlichen Verarbeitungen würdigen. Man lese etwa Robert Herricks *"Gather ye rose-buds while ye may" (BACP* 119) mitsamt der in der *BACP*-Fußnote gegebenen Passage aus den *Rosae* des spätrömischen Dichters Ausonius. In *BACP* finden sich neben dieser sehr vorbildnahen Version noch zwei erheblich freiere Variationen über das gleiche Thema: Edmund Wallers *"Go, lovely rose" (BACP* 90) und Daniels bereits zu Beginn dieses Kapitels erwähntes Sonett *"Beauty, sweet love, is like the morning dew" (BACP* 132).

Der erste Teil des Gedichts (Zeilen 1–20)

Betrachten wir nun die drei Teile einen nach dem anderen. Die Argumentation des ersten beginnt mit einem konditionalen Exkurs: einem weitausholenden Hypothesen-Gemälde in der Möglichkeitsform *(had, were, would, shouldst,* usw.). In phantastischer Ausmalung wird ein Spielfeld von zeitlicher und räumlicher Überdimensioniertheit umschrieben, das dem Sprecher und seiner noch zurückhaltenden Geliebten zur Verfügung stünde – *wenn* eben genug Welt und genug Zeit zur Verfügung stünden. Der Ton ist spielerisch leicht und von verbindlicher Ironie. Das Dahinschlendern in den grenzenlos langen Liebestag hinein suggeriert paradiesische Verhältnisse, in denen die Liebenden selbstvergessen in einer leidlosen Welt ewiger Jugendlichkeit friedvoll dahinleben. Die geographischen Angaben haben symbolische Obertöne: der ferne, heilige *Ganges*-Fluß (der seit der Gründung der East India Company kurz vor Marvells Geburt stärker ins Bewußtsein der englischen Öffentlichkeit getreten war) und der heimisch-alltägliche Fluß *Humber* (an dessen Ufern Marvells Wohnort Hull liegt, sein Wahlkreis, als er Parlamentsabgeordneter war) stehen für die Extreme der zwischen Aufgang und Untergang der Sonne eingegrenzt gedachten alten Welt des ptolemäischen Naturbilds. *Indien* ist in der Renaissance noch eine geläufige Etikette für das erträumte irdische Paradies. Der *Rubin* ist ein alchemistisches

Emblem für das Elixier, den Stein der Weisen: er schenkt Ehre, Liebe, langes Leben, und er kann verjüngen.[3]

Auch die zeitliche Überdimensionierung des poetischen "Spielraums" drängt in die Visualisierung. Die Liebe beginnt in archaischer Vergangenheitsferne zehn Jahre vor der *Sintflut,* um noch die zweite und endgültige Zerstörung der Schöpfung durch den Schöpfer heiter zu überdauern – bis zum Jüngsten Tag nämlich, mit dem der heilsgeschichtliche Zeitpunkt der *Bekehrung der Juden* zum Christentum ja praktisch identisch ist. Was die Dame angeht, so wird ihr freigestellt, bis dahin – allerdings *nur* bis dahin – sich zu verweigern. Die Liebe des Argumentierenden aber wäre nicht nur von grenzenloser Dauer, sie besäße auch die Eigenschaften "vegetabiler", pflanzlicher Fruchtbarkeit.

Drei Stufen des Seins der Seele

My vegetable love wird manchem Leser eine nicht witzlose Groteskvorstellung suggerieren: die Liebe als Riesengewächs, als hypertrophes Gemüse in einem entgrenzten Liebesgarten der Zeitenthobenheit. Dabei ist jedoch im Auge zu behalten, daß das Adjektiv *vegetable* dem Engländer des 17. Jhs. auch als *terminus technicus* der Ontologie (Seinslehre) geläufig war. (Vgl. auch die "Fruit of vegetable Gold" am Lebensbaum in Miltons *Paradise Lost,* 4:220). Zur Zeit Marvells dachte man sich nach aristotelisch-mittelalterlicher Auffassung die dreigestufte SEINS-HIERARCHIE des Pflanzlichen, Tierischen und Menschlichen so, daß die jeweils ranghöhere Sphäre die niederen

---

[3] Vgl. Wolfgang Iser, "Andrew Marvell: *To His Coy Mistress*", *Die Neueren Sprachen*, 6 (1957), 559. – Neben Isers gründlicher Arbeit sollen aus der Menge der zu Marvells Gedicht vorgelegten Interpretationen wenigstens einige genannt werden: J. V. Cunningham, "Logic and Lyric: 'To His Coy Mistress' ", *Modern Philology,* 51 (1953), 33–41 (nachgedr. in *Marvell: Modern Judgements,*hrsg. von Michael Wilding, London, 1969, S. 155–164); Harold E. Toliver, *Marvell's Ironic Vision* (New Haven, 1965), S. 152–162; J. B. Leishman, *The Art of Marvell's Poetry* (London, 1966), S. 70–78; Anthony Low and Paul J. Pival, "Rhetorical Pattern in Marvell's 'To His Coy Mistress' ", *Journal of English and Germanic Philology,* 68 (1969), 414–421; Bruce King, "Irony in Marvell's 'To His Coy Mistress' ", *Southern Review,* 5 (1969), 689–703 (nachgedruckt in Kings *Marvell's Allegorical Poetry,* New York, 1977); H. Bodden und H. Kaußen, *Modellanalysen englischer Lyrik* (Stuttgart, 1974), S. 34–53; French Fogle, "Marvell's 'Tough Reasonableness' and the Coy Mistress" sowie John Hackett, "Logic and Rhetoric in Marvell's 'Coy Mistress' ", beides in *Tercentenary Essays in Honor of Andrew Marvell,* hrsg. von Kenneth Friedenreich (Hamden, Connecticut, 1977), S. 121–139 und 140–152.

Formen der "Naturseelen" mit deren spezifischen "Fähigkeiten" einbegriff (vgl. die Ausführungen des Erzengels Raphael zur "Great Chain of Being" in *Paradise Lost,* 5:469–490):

Seinsbereiche	*Formen der Naturseelen*	*deren Fähigkeiten*
Mensch	anima intellectiva (die rationale Seele)	Erkennen, Wollen
Tier	anima sensitiva (die sensitive Seele)	Sinne, Bewegung, Trieb
Pflanze	anima vegetativa (die vegetabile Seele)	Wachstum, Vermehrung, Verfall

Mit dem Fortschreiten der Zeit würde die Wachstumsintensität dieser vegetabilen Liebe nicht geringer sondern immer größer werden, ja sie erhöbe einen imperialistischen Anspruch, da sie zwar langsamer als politische Weltreiche wüchse, dafür jedoch ohne deren ständige zeitliche Bedrohtheit durch konkurrierende Herrschaftssysteme. Der Preis der Dame aber, Arbeits-Pensum des Liebenden in der imperialen Expansionsphase seines Gefühls, könnte als "Blazon" (s. oben S. 38) mit den Augen beginnen und mit dem Herzen enden. (Was um so pfiffiger ist, als doch zum Jüngsten Gericht alle Herzen ohnehin auf ihren Inhalt überprüft werden.) Und er würde gemäß der von Catull und anderen vorgegebenen Systematik der klassischen Liebesarithmetik erfolgen.

Buchführung des Liebens

Die Tradition der LIEBESARITHMETIK ("amatory arithmetics") wird von Leishman (*The Art of Marvell's Poetry,* London 2. Aufl. 1968, S. 73 f.) auf einen anonymen alexandrinischen Anakreon-Nachfolger zurückgeführt, der – Leporellos Katalog der Liebschaften seines Herrn (in Mozarts *Don Giovanni)* vorwegnehmend – ein Gedichtchen so beginnen läßt: "If you can count the leaves of all trees and the waves of the whole ocean, then I will make you sole reckoner of my loves. First set down twenty from Athens and add to them fifteen. Then ...". – Catull scheint die Liebesarithmetik als erster auf die Buchführung über die Küsse Liebender angewendet zu haben. Vgl. sein Gedicht *Vivamus, mea Lesbia, atque amemus,* auf dessen sechs Anfangszeilen übrigens Ben Jonsons oben (S. 122) erwähnter *Song, to Celia (BACP* 178) zurückgeht. In der Renaissance fand Catulls pikante Vermischung von Liebe und Mathematik zahlreiche Nachahmer, unter den lateinisch schreibenden Lyrikern herausragend vor allem Johannes Secundus, der niederländische Sekretär Karls V., mit seiner Sammlung *Basia* (Küsse). Höchstwahrscheinlich kannte Marvell auch Abraham Cowleys Gedicht *My Diet* (Mein Speisezettel), in dem sich bereits die charakteristische Wendung *vast eternity* findet:

On a *Sigh* of Pity I a year can live,
One Tear will keep me twenty at least,
Fifty a gentle *Look* will give:
An hundred years on one *kind word* I'll feast:
A thousand more will added be,
If you an *Inclination* have for me;
And all beyond is vast *Eternitie.*

Der zweite Teil des Gedichts (Zeilen 21–32)

Der argumentative Umschlag erfolgt im Moment des *But* mit einiger Heftigkeit. Der Ton wird erst einmal schlagartig erregter, danach moduliert er ins Verschmitzt-Pathetische. Auf das Phantasiegemälde des ersten Teils wird nun das "reale" Bild der Zeitunterworfenheit der Liebenden antithetisch projiziert – paradoxerweise als ein fingiertes Zukunftsbild – und damit die nicht aus der Wirklichkeit wegzubannende Allgegenwart des *memento mori:* "Sei eingedenk des Sterbens!"

T. S. Eliot betrachtet in seiner Lesung des Gedichts die Zeile 21 als poetischen Drehpunkt des Argumentierens. Er konstatiert einen dramatischen Überraschungseffekt im Bilde des unvermittelt auftauchenden *chariot of time:* "... the poem turns suddenly with that surprise which has been one of the most important means of poetic effect since Homer." Und er vergleicht diesen Effekt mit der plötzlichen Wende in den berühmten Worten des Horaz, "Pallida Mors aequo pulsat pede pauperum tabernas/Regumque turris ..." – von denen Eliot nicht ganz ohne Überzeugungskraft sagt: "A whole civilization resides in these lines."[4]

Nachdem es für den poetischen Moment des ersten Gedichtteils den Anschein gehabt hatte, als ob die Vergänglichkeit aus der pastoralen Vision des Liebenden herausmanipuliert worden wäre, als ob die Liebenden genug statische Zeit und genug weite Welt zu ihrer

---

[4] T. S. Eliot, "Andrew Marvell" (1921), in *Marvell: Modern Judgements,* hrsg. von Michael Wilding (London, 1969), S. 47. – Die Zeilen stammen aus Horazens *Frühlingslied (Oden,* 1:4) und lauten in Hans Färbers Verdeutschung so: "Klopft doch der Tod, der bleiche, an mit dem gleichen Fuß an Hütten / Wie Königsschloß ..." – Zu den Zeilen 21–22 von Marvells Gedicht vgl. den Beitrag Michael Baumanns in *The Explicator,* 31 (1973), No. 72.

Verfügung hätten, taucht der Triumphwagen der geflügelt eilenden Zeit als eine bildlich-eindringliche Zurechtrückung dieses Irrtums auf.

In seinen *Trionfi* allegorisiert Petrarca im Bild römischer Triumphzüge die wertethischen Begriffe der *conditio humana* in der hierarchisch geordneten Welt: Liebe triumphiert über die Menschheit, Keuschheit über die Liebe, Tod wiederum über die Keuschheit, Ruhm über den Tod, Zeit über den Ruhm, Göttlichkeit schließlich noch über die Zeit. Marvells Triumphwagen der geflügelten Zeit evoziert also für den Renaissance-Leser eine ganz konkrete Bildlichkeit, etwa so wie sie auf den hier reproduzierten emblematischen Holzschnitten von 1493 und 1560 erkennbar ist.

Francesco Petrarca, *Trionfi* (1493).

Francesco Petrarca, *Trionfi* (1560).

Der Liebende bekennt jedoch, er habe den Flügelschlag der Zeit hinter seinem Rücken schon alleweile rauschen gehört. Flüchtige Zeit ist also immerfort präsent gewesen in seinen hypothetischen Konditionalkonstruktionen einer zeitfreien Geschichte, und der Sprecher weist sich als Schelm aus. Schelmisch wie er bisher die arkadische Utopie ironisiert hat, parodiert er jetzt mit erlesener Genüßlichkeit die makabre Fernperspektive der *carpe diem*-Argumentation: die tote Geliebte dereinst im Grabgewölbe liegend.

"Liebe im Grab": Ein Gemeinplatz

Auch diese Bildvorstellung, der Topos "LIEBE IM GRAB", ist ein Gemeinplatz mit eigener Geschichte.[5] Die verstorbene Geliebte des Properz hatte diesem, als sie ihm nachts im Traume erschienen war, in dem oben (S. 28) erwähnten Gedicht scheidend ein wahrhaft vampirmäßiges Adieu zugerufen:

> Nunc te possideant aliae: mox sola tenebo.
> Mecum eris, et mixtis ossibus ossa teram.

("Other women may possess you now; ere long I shall be sole owner. You shall be with me, and bone shall fret bone closely mixing." – Übs. J. S. Phillimore)

Marvell setzt diesen lichtlosen *locus classicus* gewissermaßen voraus und kann seine Düsterheit als Hintergrundfolie für die eigene liebevolle Überredungs-Strategie spannungsintensiv nutzen.

Der dritte Teil des Gedichts (Zeilen 33–46)

Hatte der erste Teil unter dem Zeichen einer hypothetischen Ewigkeit gestanden, im Zeitbewußtsein des Mittelteils lag diese Ewigkeit als existentielle Bedingung des Menschseins hart vor Augen: leer. Beide Male wurde die Zeitdimension räumlich dargestellt: Arkadien als Gegenwart zwischen Humber und Ganges. Im Schlußteil wird nun Zeit, die die Irrtümlichkeit der Anfangsvision durch den Schlag ihrer brausenden Flügel höchstselbst entlarvte, zur Beförderung des eigentlichen Argumentationsziels eingespannt. Die Schlußfolgerung des Syllogismus zieht die Fäden der "Textur" unseres Plädoyer-Gedichts zusammen. Das dynamische Element des Animalischen wird vorherrschend und bezieht dadurch eine weitere

---

[5] Diese wird skizziert von D. C. Allen, "Love in a Grave", *Modern Language Notes*, 74 (1959), 485–486.

hierarchische Dreiheit ins Ideenspiel ein: die Abfolge *vegetable-mineral-animal.* Jedem Gedichtteil läßt sich ein Bereich in Sonderheit zuordnen: "*vegetable*" dem ersten; dem zweiten "*mineral*" (siehe die Folge *desert* – in *deserts of vast eternity* konvergieren die Zeit- und Raumdimensionen des Anfangsteils – *marble/dust/ashes* und das Schlüsselverb *lie); "animal"* dem dritten (siehe *am'rous birds of prey* und die Abfolge dynamischer Verben: *transpires/sport/devour/roll up/tear/run).* Die Verbformen, im ersten Teil konditional und im Mittelteil indikativisch und futurisch, sind jetzt, im dritten Teil, präsentisch-imperativisch. Von ganz analoger Auffälligkeit ist die Verteilung der Personalpronomina: Teil III hat 11 Pronomina der ersten Person Pluralis (*we, us, our*) gegenüber nur 3 im Anfangsteil und einem im Mittelteil. Wieder bietet sich ein Diagrammschema an, um auch den sekundären Syllogismus-Aufbau des Texts zu veranschaulichen:

Phasen des Syllogismus	Seinsbereiche	Schlüsselkonzepte	Schlüsselverben	Verbalformen	Personale Konstellationen	
Teil I These	vegetable	vegetable love	grow	konditional	I would love my love I love	– you should refuse – your coyness – you deserve
Teil II Antithese	mineral	desert marble dust ashes	lie	indik. futur.	thy beauty your honour	– my song – my lust
Teil III Synthetische Schlußfolgerung	animal	birds of prey	sport devour roll tear run	präsens, imperativisch	our times our strength our sweetness our pleasures our sun	

Für die Entwicklung der Bildvorstellungen zwischen dem *one ball* und den nicht minder rätselhaften *iron gates of life* sind diverse Verstehensmöglichkeiten aufgezeigt worden. Ob man eine der drei in *BACP* angebotenen *ball*-Lesungen[6] vorzieht oder in der Kugel-

[6] Erstens als das Bild einer kraftvoll zerstörerischen Kanonenkugel; zweitens als Bild des "Pomanders", d. h. einer aus Gewürzen und Duftstoffen gekneteten Parfum-Kugel, die die vollkommene Einheit von wirkender Stärke und süßer Weichheit suggerieren würde; drittens als Bild der uranfäng-

form lieber das (gemäß Herodots Aussage sehr wohlriechende) Ei des Phönixvogels sehen will, das sich aus dessen Asche formt, ehe er sich erneut selbst gebiert, oder ob man in der Kugel schließlich einfach ein vages Ewigkeitsemblem sieht, das die beiden Liebenden durch die "eisernen Tore" ihres zeitlichen Existierens zwängt (durch Talengen-Tore des Lebensstroms, eng wie das Eiserne Tor der Donau), diese Entscheidung scheint jeder Leser für sich treffen zu dürfen.

Nicht beliebig dagegen ist des Lesers Entscheidung, ob er Marvells textimmanenten Einladungen zum Vergleichen Folge leisten will. Das Gedicht scheint in besonderer Weise ein solches Mitspielen im Verstehensvorgang zu fordern, scheint als pastorales Plädoyer aus diesem fortgesetzten Jonglieren mit Anspielungen zu leben. Seine Simplizität ist eine stilisierte, hochartifizielle, und der Text setzt eine augenzwinkernde Vorverständigung voraus zwischen dem gelehrt spielenden Dichter und dem mitspielend lernbegierigen Leser. Das Vergleichen ist – wie in jedem so hochgradig traditionalistischen Kunstmedium – bei der Pastoraldichtung in vorzüglicher Weise ein Zugang zum verstehenden Lesen.

---

lichen sphärischen Ungetrenntheit von Mann und Weib, welche alle Liebenden sehnsuchtsvoll rückzugewinnen trachten; Platon läßt in seinem *Gastmahl* (191A–193B) Aristophanes über jene vorzeitlichen Kugelwesen berichten.

9. Leseschwierigkeiten mit einem modernen Gedicht: Cummings' *"pity this busy monster, manunkind"* und die Frage "Soll das etwa ein Sonett sein?"

pity this busy monster, manunkind,

not. Progress is a comfortable disease:
your victim (death and life safely beyond)

plays with the bigness of his littleness
– electrons deify one razorblade
into a mountainrange; lenses extend

unwish through curving wherewhen till unwish
returns on its unself.
                                        A world of made
is not a world of born – pity poor flesh

and trees, poor stars and stones, but never this
fine specimen of hypermagical

ultraomnipotence. We doctors know

a hopeless case if – listen: there's a hell
of a good universe next door; let's go

E. E. Cummings

Bereits das optisch-typographische Erscheinungsbild des im Jahre 1943 veröffentlichten Gedichts "pity this busy monster, manunkind" von Edward Estlin Cummings (1894–1962) gibt jeder Leseerwartung Richtungsimpulse[1]: Das Fehlen einer Überschrift und eines handfesten Reimgerüsts; die irgendwie unordentliche Verteilung der Textmasse über das Papier; der Verzicht auf das Gewohnheitsrecht der Lyrik, ihre Zeilenanfänge durch Großschreibung zu adeln (VERS heißt ja ursprünglich im lat. *versus*, "Wendung", weil eben nicht wie im Prosatext fortlaufend bis zum Papierrand durchgeschrieben, sondern vorher "gewendet" und mittels Großbuchstaben neu begonnen wurde); ferner die Kleinschreibung sogar des ersten Worts des Eröffnungsverses und das Ausbleiben des Satzzeichens nach dem wenig lyrikgemäß erscheinenden Schlußwort "let's go" – das alles sind Signale, auf die man zu reagieren gelernt hat.

Der gängige Erwartungshorizont für moderne Lyrik

"Aha", so ließe sich der Erwartungshorizont eines mit allen Wassern heutigen Jargons gewaschenen Lesers auf den Begriff bringen, " es handelt sich also um ein *modernistisches* Gedicht! Somit um *Verfremdung* der Aussage durch *Strukturbrüche* und *Abweichung* von der *Grammatikalität* des umgangssprachlichen Diskurses, um *Montage* des in jedem Sinn Ungereimten, um *kalkulierte Verflüchtigung eines paraphrasierbaren Sinns* und womöglich gar um die *Zerschlagung* der althergebrachten *Sonettform.*" So oder so ähnlich.

Träte der Text zusätzlich in einer Blütenlese der abendländischen Sonettkunst vor Augen, also im Gefolge der Liebesschwüre Petrarcas, Ronsards und Shakespeares, nach den Glaubensmeditationen von John Donne, Andreas Gryphius und John Milton und im Anschluß an die unvergänglichen Wortkunstwerke der hohen romantischen und nachromantischen Stile von William Wordsworth und John Keats über Dante Gabriele Rossetti und Charles Baudelaire bis hin zu Stefan George, Paul Valéry und Rainer Maria Rilke; dann dürfte

[1] Im folgenden nehme ich einige Ausführungen auf, die in einem Vortrag über Cummings entwickelt und in veränderter Fassung in meinem Beitrag zu dem von Klaus Lubbers herausgegebenen Band *Die amerikanische Lyrik: Von der Kolonialzeit bis zur Gegenwart* (Düsseldorf, 1974) veröffentlicht worden sind.

die Weichenstellung auf ein wertendes Klassifizieren hin schon beinahe geschehen sein. Es bedarf unter Umständen nur noch des Herauspickens von ein paar augenfällig "poesiefremden" Reizwörtern wie *electrons, razorblade, hypermagical* oder *ultraomnipotence.* (Zwischenfrage: Sind diese Wörter wirklich unpoetischer als Sidneys Wörter *Invention* und *Study* in seinem Liebessonett?) Und schon kann man sich als Leser je nach seinem Vorverständnis in eine wohlwollende oder ablehnende Betrachtungsweise manövriert sehen.

Hypothetischer Lesertyp Nr. 1: Wohlwollend

Konstruieren wir passend zu diesen beiden Vorverständnissen zwei hypothetische Typen von Lesern. Der eine hätte, nehmen wir es einmal an, vor nicht zu langer Zeit einen modernen bundesrepublikanischen Deutschunterricht erfolgreich absolviert. Er hätte mit der Muttermilch der gymnasialen Literaturunterweisung auch ein wenig von jenem Sauerteig mitbekommen, den nach einer Ära der Innerlichkeitspflege unsere jüngeren germanistischen Kollegen in den letzten Jahrfünften hier und da in homöopathischer Dosierung zu verausgaben begonnen haben. Dieser Lesertyp würde wahrscheinlich mit Genugtuung vermerken, daß der Text genau auf das verzichtet, was über Zeitalter hinweg Anspruch und Selbstverständnis der Gattungstradition des Sonetts im Sinn der Definitionsbemühungen Dante Gabriele Rossettis gewesen ist:

A Sonnet is a moment's monument,
Memorial from the Soul's eternity
To one dead deathless hour . . .
A Sonnet is a coin: its face reveals
The soul, – its converse, to what Power 'tis due . . .[2]

Spräche dieser Lesertyp unserem Text nun einen gewollten Verzicht auf harmonische Formvollendung und auf jeglichen "Ewigkeitsanspruch" zu, so würde er das als eine "Befreiung der Textkommunikation aus den Fesseln wirklichkeitsverschleiernder

[2] Rossettis ganzes Sonett findet sich in *BACP* (149) zusammen mit der "Textdeutung", die der Autor in der Form einer graphischen Illustration seines Gedichts gibt.

ästhetischer Konvention" feiern. Denn er könnte das Manko, wenn er mit Theodor W. Adorno die ästhetische Form als "sedimentierten Inhalt" auffaßt, im (freilich arg verkürzten) Blick auf das gesellschaftsbezogene Erkenntnisinteresse von dessen *Ästhetischer Theorie* folgendermaßen positiv ausdeuten:

> In der Befreiung der Form, wie alle genuin neue Kunst sie will, verschlüsselt sich vor allem anderen die Befreiung der Gesellschaft, denn Form, der ästhetische Zusammenhang alles Einzelnen, vertritt im Kunstwerk das soziale Verhältnis; darum ist die befreite Form dem Bestehenden anstößig. Gestützt wird das von der Psychoanalyse. Ihr zufolge begehrt alle Kunst, Negation des Realitätsprinzips, gegen die Vaterimago auf und ist insofern revolutionär.[3]

Hypothetischer Lesertyp Nr. 2: Ablehnend

Ein anderer Lesertyp könnte aus dem Ersteindruck des Modernistischen im Erscheinungsbild des Texts eine ganz andere, abschätzige Urteilsrichtung ableiten. Er könnte die Klage erheben, die Gottfried Benn der konservativen Mitte des Lyrikpublikums in den Mund gelegt hat: Was die avantgardistischen Textproduzenten betreiben, das "ist steriler Zerebralismus, leerer Formalismus, das ist Deshumanisation, das ist nicht das Ewige im Menschen, das sind Störungen im vitalen Mark . . ."[4] Was Benn dem Philister maliziös in der Negativität vorformulierte, wurde noch vor wenigen Jahren positiv postuliert und ernsthaft in Sonettform gebracht. Ein bislang wenig bekannter Verskünstler namens Nenzel gab vom Taunus aus dem Textproduzenten den folgenden Amtsauftrag:

> . . . Er offenbare mehr als Menschenmeinung!
> Die endet doch in dumpfer Sinnverneinung,
> In Weh und Wahn, ein Irrlicht nur im Dunst.
>
> Dies aber künde er mit edler Kunst:
> Das Tröstliche in Trauer und Beweinung!
> Denn hinter aller irdischen Erscheinung,
> Da brennt ein Ewiges in sanfter Brunst . . .[5]

---

[3] Theodor W. Adorno, *Ästhetische Theorie* (Frankfurt, 1970), S. 15 und 379.

[4] Gottfried Benn, *Probleme der Lyrik* (Wiesbaden, 1951), S. 33.

[5] Walter Nenzel, "Dichteramt", in *Ehe die Nacht sich neigt: Ausgewählte Gedichte* (Eppstein, 1971).

Vorgefertigte Erwartungshorizonte schränken die Sicht ein

Diesen wie jenen Gefahren einer Vorbeurteilung wird man aus dem Weg gehen müssen. Denn ein festgefügter Erwartungshorizont – wie wir ihn hier ein wenig unfreundlich in zwei (allerdings durchaus gängigen) Spielarten karikierend unterstellt haben – kann die Kommunikation zwischen dem modernen (und ebenso dem klassischen) Gedicht und seinem Leser folgenschwer manipulieren und schädigen. Um dies zu vermeiden, bedarf es neben dem genauen Lesen wohl auch einer akustischen "Wahr"-Nehmung des Textes.

Obwohl Gottfried Benn das moderne Gedicht nicht für vortragsfähig hielt, weder im Interesse des Gedichts noch im Interesse des Hörers, sollte man die vierzehn Zeilen einmal oder zweimal *laut* sprechen. Eine "Berührungsangst" dem akustischen Sprachleib gegenüber zeichnet leider gerade den Textdeuter häufig aus. Man sollte ihr entgegenarbeiten.[6] Und man sollte sich dabei Benns Verfahrensmaxime für den Umgang mit moderner Lyrik zu eigen machen: "Wenn Sie ... in Zukunft auf ein Gedicht stoßen, nehmen Sie bitte einen Bleistift wie beim Kreuzworträtsel und beobachten Sie ..."

Cummings' Text ist gar nicht so schwierig zu verstehen, wie das zuerst scheint

Bevor wir zur Sinnparaphrase oder gar zu einem Verdeutschungs-Versuch dieses Texts kommen, können drei Feststellungen hervorgehoben werden. Erstens erweist sich das Gedicht entgegen erster Erwartung als gar nicht so schrecklich spröde und schon gar nicht als "hermetisch", d. h. dem Verstehen gänzlich unzugänglich für nicht besonders Eingeweihte. Das Verstehen des Textganzen wird gefördert durch ein Einhören in seine differenzierte Musikalität. Mögliche Verstehensansätze zeichnen sich ab beim Heraushören des Wechsels zwischen dem Sprechton der weitaus meisten Zeilen, der an Shakespeares oder Miltons Versmelodie erinnert, und dem Kolloquialton der Zeile 2 und der letzten zweieinhalb Zeilen.

Zweitens stellt man gerade beim lauten Sprechen des Texts ganz mühelos fest, daß er wie die von uns bereits diskutierten Gedichte

[6] Eine Schallplattenaufnahme des vom Autor gesprochenen Gedichts ist hier besonders hilfreich. Sie liegt vor in *Pleasure Dome: An Audible Anthology of Modern Poetry Read by Its Creators*, ed. Lloyd Frankenberg (1949), Columbia Records ML 4259.

The Canonization und *To His Coy Mistress* den Aussageverlauf eines poetischen Plädoyers hat, zumindest bis in die erste Hälfte der 12. Zeile hinein. (Danach muß man den Sprechton offenbar wechseln.) Damit hätten wir immerhin schon einen Fußbreit bekannten Terrains unter den Füßen.

Und drittens legt das Hinhören nahe, daß die anfänglich verwirrend anmutende Machart des Gedichts transparenter wird, sobald man die Textbeschreibung mit dem Inventarisieren einiger elementarer Detailbeobachtungen beginnen läßt. Die folgende Diagrammskizze soll unser Augenmerk zuerst auf einige leicht objektivierbare Struktursachverhalte lenken.

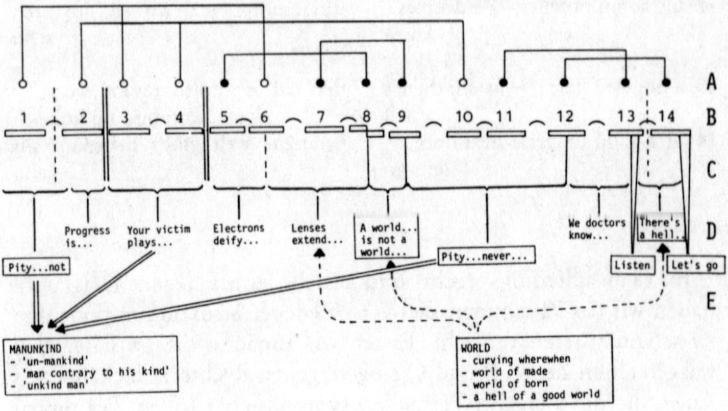

1 pity this busy monster, manunkind,	erbarm dich des geschäft'gen monstrums, unmenschheit,
2 not. Progress is a comfortable disease:	nicht. Fortschritt ist 'ne annehmbare krankheit:
3 your victim (death and life safely beyond)	dein opfer (tod und leben nicht für ihn)
4 plays with the bigness of his littleness	spielt mit dem großsein seiner winzigkeit
5 – electrons deify one razorblade	– elektronen mythisieren eine klinge

6	into a mountainrange; lenses extend	zur hochgebirgskette; linsen dehnen
7	unwish through curving where-when till unwish	unwunsch durch krümmendes wo-wann bis dann unwunsch
8	returns on its unself. A world of made	sein unselbst wiedertrifft. Gemachte welt
9	is not a world of born – pity poor flesh	ist nicht geborne welt – erbarm dich fleischs
10	and trees, poor stars and stones, but never this	und armer bäume, sterne, steine, nie
11	fine specimen of hypermagical	aber dieses prachtstücks hypermagischer
12	ultraomnipotence. We doctors know	ultraomnipotenz. wir als doktoren sehn
13	a hopeless case if – listen: there's a hell	der fall ist hoffnungslos wenn – kommt: 'ne höllisch
14	of a good universe next door; let's go	gelungne welt gibt's nebenan; wir gehn

In dem allerdings recht unpoetisch ausgefallenen Diagramm haben wir das Zusammenspiel verschiedener Strukturkomponenten zu schematisieren versucht. Fassen wir zunächst die zwischen den waagerechten Zeilen B und C eingetragenen Rechteckblöckchen ins Auge, die die vierzehn Textzeilen symbolisieren sollen. Bei diesen handelt es sich durchweg um "männlich" (d. h. stumpf) endende Verse regelmäßiger Zeilenfüllung von genau zehn Silben Länge. Ihre Anordnung ist nicht ungegliedert, sondern ergibt ein balanciertes Muster. Der allein stehenden Eröffnungszeile folgen eine Zweiergruppe und die beiden zentralen Dreiergruppen, im Abgesang die Gruppierung 2 – 1 – 2.

Die Sonettstruktur als "Palimpsest"

Diese Gruppenbildung entspricht zwar nicht der herkömmlichen Sonettgliederung in Quartette und Terzette, wie wir sie im Kapitel 4 über Sidneys *"Loving in truth"* eingeführt haben. Doch scheinen in der auffälligen einzigen Zeilenbrechung in Vers 8 – an der Bruchstelle zwischen der *world of made* und der *world of born* – sowie in der Zweiergruppe des Schlusses die Antithetik von Oktave und Sextett und der Konklusionscharakter des *heroic couplet* palimpsestartig durchzuschimmern (d. h. wie in einem mittelalterlichen Pergament, dessen Erstgeschriebenes aus Sparsamkeit für eine Neubenutzung ausradiert wurde und nun hier und da durch den neuen Text durchscheint).

Man vergleiche bei den bisher von uns behandelten Sonetten – Sidneys *"Loving in truth"*, Boltons *"As withereth the primrose"* und Shakespeares Sonett 130 – die dortige Handhabung der OKTAVFUGE oder VOLTE ("Wendung"), d. h. der Grenzziehung zwischen den ersten 8 und den letzten 6 Gedichtzeilen. Auch die Sonette von John Milton, *On His Blindness* (*BACP* 141), und von P. B. Shelley, *Ozymandias* (*BACP* 146), könnte man sinnvoll in einen Funktionsvergleich mit dem Befund bei Cummings einbeziehen. Zu fragen wäre dabei nach den inhaltlichen Auswirkungen einer Segmentierung, bei der die Sonettfuge mitten durch eine Zeile hindurchläuft. Vermutungen hinsichtlich der Effekte, die dadurch erzielt werden, könnten anhand der Volte in W. B. Yeats' Sonett *Leda and the Swan* (*BACP* 151) überprüft werden.

Die Reimanordnung, in der Diagrammzeile A schematisiert – wo die schwarzen Kügelchen für reine oder nahezu reine Reime und die hohlen für bloße Annäherungsformen des Reimens stehen –, laßt ziemlich deutlich erkennen, daß zum Schluß hin die tektonische Symmetrie zunimmt und daß vorn und hinten je eine Art Quartett und im Zentrum sogar eine nahezu perfekte Terzine gebildet worden ist.

Eine TERZINE ist ein Terzett (d. h. eine Dreiergruppierung von Versen, eine Dreizeilenstrophe), bei dem die Außenzeilen miteinander, die Mittelzeile jedoch mit den Außenzeilen der jeweils vorangehenden oder nachfolgenden Strophen reimen. Also ein Verfahren der Reimverkettung über mehrere Textsegmente hinweg. Dante schrieb seine gesamte *Göttliche Komödie* in Terzinen. Als eine sehr italienisch orientierte Strophentechnik läßt sich diejenige von Shelleys *Ode to the West Wind* (*BACP* 202 ff.) betrachten. Dort ist die Segmentierungsweise des Gesamttextes – fünf gleichlange, sonettähnliche Vierzehnzeilen-Gruppen – mit der Reimverknüpfungstechnik der Terzinen Dantes kombiniert worden. Hier wäre zu fragen, was dieses doppelte Strukturraster für den Ablauf der gebetsartigen Ansprache des Dichters der romantischen Revolte an den vom Atlantik her über ganz Europa wehenden Befreiungswind bewirkt.

Ästhetische Spannung durch Überlagerung konkurrierender "Segmentierungs-Programme" in Cummings' Sonett

Durch die Überlagerung dieser asynchronen Strukturierungsraster (anders formuliert: durch die Konkurrenz zwischen den beiden miteinander wirksamen "Segmentierungsprogrammen"), nämlich Strophengliederung und Reimanordnung, entsteht ein ästhetisches Spannungsverhältnis analog zu dem, was als die Strategie des ENJAMBEMENTS (d. h. des Übergreifens von Syntax- und Sinnzusammenhang über das Versende hinaus) in der Diagrammzeile B und als syntaktische Aufgliederung in Zeile C angedeutet ist. Nur an den beiden durch senkrechte Doppelstriche markierten Stellen fallen Satz- und Versende zusammen. Aber nach der ersten und vor der letzten Zeile, wo das Diagramm je eine Strichellinie aufweist, kommt das Enjambement als psychischer Schockeffekt und zwingt den Leser, sein Verstehen der gerade aufgenommenen Textpassage abrupt zu revidieren. In beiden Fällen kann man von einem Trompe l'œil-Trick (dem Trick einer Augentäuschung) sprechen oder auch von einem semantischen FEED-BACK (einem Rückkopplungseffekt der Bedeutung), durch das der Verstehensprozeß kaleidoskopartig "aufgerüttelt" und neu "eingefärbt" wird.

Die Nachlieferung des *not* im Enjambement zur Anfangszeile verdient dabei besondere Beachtung. Sie ist ein Schlüssel zum Verständnis von Cummings' höchst raffinierter Technik, mittels derer die Leserreaktion durch die Textstruktur gelenkt wird. Wo sie nicht beachtet wird, wie etwa in Hans Henneckes Übertragung des Gedichtbeginns ("kein mitleid diesem monstrum im betrieb / manschheit ..." – vgl. unten, S. 147), da ist schon der erste fatale Schritt in Richtung auf eine strukturblinde Lesung des Textes getan.

Welcher Wortklasse gehört "pity" an?

Die schwergewichtige Eröffnung des Gedichts verleitet dazu, *pity* zuerst als Substantiv zu verstehen. Man könnte an die ebenso gewichtige Formel des Lyrikers Wilfred Owen denken, der im Ersten Weltkrieg fiel, als Cummings' Kriegserfahrungen begannen: "My subject ist War, and the pity of War. The Poetry is in the pity." Daß man *pity* dennoch sogleich als Imperativform liest und nicht als selber personifizierbares Nomen (etwa analog zu Shakespeares "pity, like a naked new-born babe" in *Macbeth*, I, 7), darauf wirkt erstens die Reihung von insgesamt vier syntaktisch parallelen Aufforderungen hin, die in unserem Diagramm in der Zeile E unterhalb der Serie von konstatierenden Sätzen (Diagrammzeile D) zusammengefaßt sind ("pity ... not, pity ... never, listen, let's go"). Und zweitens eben die peitschenknallartige Vervollständigung des in sich komplett scheinenden Appells "pity this busy monster, manunkind" durch das nachgeschobene " ... *not*". Durch die nicht umgangssprachliche sondern eher archaische Schlußstellung der Negation wird zugleich die Stilebene des Gedichtbeginns als die des heroischen *grand style*, des heldischen Epenstils, qualifiziert und der Kontrasteffekt zu den im Kolloquialton gehaltenen Schlußzeilen vorbereitet.

Was bedeutet "manunkind"?

Theoretisch kann vorerst noch *monster* als von *manunkind* getrennt gelesen werden: *monster* als Objekt zu *pity*, *manunkind* als Vokativ, an den Adressaten des Imperativs gerichtet. Aber die Lesung von *manunkind* als eines Eigennamens in Appositionsstellung zu *monster* drängt sich rasch in den Vordergrund. Man denkt an ein Kollektivwesen, das mit der Menschheit zwar nominell manches gemein hat, das zugleich aber auch unfreundliche, unmenschliche Züge trägt *(unkind man)*, ein Gegenbild *contra naturam*, wider die Natur, wie auch wider die Menschheit (*man* contrary to his *kind*). Das nunmehr vielsagend benannte und doch gesichtslose Monstrum ist bedrohlich in seiner Qualität als persönliches Wesen (zu welchem es das Pronomen *his* macht).

"Your victim"

Es ist aber zugleich auch Opfer: erstens als ein immerhin potentielles Objekt des Mitleids – diese Möglichkeit wurde zwar in dem Augenblick erschüttert, als der Leser bemerkte, daß er mit Zeile 1 keine vollständige Anweisung bekommen hatte, aber sie ist noch nicht ganz vergessen. Zweitens ist *manunkind* ein Opfer als Träger der Krankheit *Progress.* Und drittens ein Opfer als Diagnoseobjekt zweier oder mehrerer Doktoren, deren einer der Gedichtsprecher ist und deren Fallanalyse der Gedichtgegenstand ist – bis schließlich einer der eingeweihten Diagnostiker (welcher auch immer) vorschlägt, die Lokalität zu wechseln und ein "gelungeneres " Universum aufzusuchen.

"World of Born" versus "World of Made"

Die Krankheit *Progress* ist für den von ihr befallenen Patienten eine erträgliche, weil der Existenzort des Ungeheuers ja nicht die *world of born* ist, die des Wachsens und Vergehens, sondern die tragiklose *world of made,* in der Leben und Tod keine Relevanz haben. Das prächtige Monstrum von hypermagischer Allmächtigkeit vertreibt sich seine offenbar nicht unter dem Gebot des *carpe diem* stehende Zeit mit der verspielten Kontemplation des Großseins seiner Winzigkeit – nicht allerdings seiner ethisch definierbaren "Größe", denn das hätte dann in Zeile 4 *greatness* statt *bigness* heißen müssen. Elektronenmikroskop und Weltraumteleskop bringen die alltäglichste Kleinigkeit wie das Allerentfernteste in seine unterschiedslose, kindische Betrachtungsreichweite. Aber die Gebirgsformation, die er im *blow-up*-Foto einer Rasierklinge vor sich hat, wird ihm eine Fata Morgana bleiben. Sie läßt sich nicht durch elektronisch mystifizierende Verfremdung in die *world of born* hineinmogeln, der Fleisch und Baum, Stern und Stein und alles übrige angehören, was in der "Great Chain of Being" (der großen Kette des Seienden) Mitgefühl, *pity* und *compassion,* beanspruchen darf.

Das Schlüsselbild: das nicht abbildbare Weltbild Einsteins

Die schwierigste Passage des Gedichts ist nun sicherlich diese: "lenses extend / unwish through curving wherewhen till unwish / returns on its unself". Aber auch diese Schwierigkeit ist zu überwinden. Man lese die Wörter bzw. Wortneuprägungen *unwish, wherewhen* und *unself* als Substantive: Schon enthüllt sich der Sinn. Die Krümmung des grenzenlosen, aber endlosen Universums – unanschaulich, wie sie als Aspekt der vierten Dimension, des *when,* im dreidimensionalen Weltenraum des *where* zu bleiben hat – läßt den geradlinig auf die Reise geschickten *unwish* (den Wunschblick des wo nicht wunschlos glücklichen so doch selbstvergessenen und gänzlich ichlosen Monstrums *manunkind*) leer auf die Nicht-Identität seines *unself* zurückstoßen, so wie jede auf eine Kugelfläche projizierte Gerade ihre Verlängerung in sich selbst findet. Die strukturbestimmende Einblendung des seiner Eigenart nach so wenig anschaulichen Konzeptes des "grenzenlosen aber endlichen" Universums konstituiert hier ein CONCETTO derjenigen Art, die wir als charakteristisch für die "Metaphysical Poets" im Abschnitt über Donnes *Canonization* (s. oben, S. 101 f.) besprochen haben. Diese bildlose Bildlichkeit beweist, daß die nicht-euklidische Geometrie unserer Epoche das gleiche Interesse der Lyriker beanspruchen kann wie einst die "New Philosophy" in John Donnes Versen "All the Globe's frame, and spheres', is nothing else / But the meridians crossing parallels . . ." (*The Cross*). Im Rahmen der psychologischen Argumentation des Texts übernimmt das Concetto hier zudem die Aufgabe, den für die traditionellen Poesie-Auffassungen zaubermächtigen und verführerischen Begriff der Unendlichkeit zu unterhöhlen.

Übersetzungsanalyse und Weltbildwandel

Jegliche Übersetzung stellt eine Art Resumé einer Textlesung dar. An diesem schwierigen Sonett haben sich gleich drei der bekanntesten Lyrikübersetzer des deutschen Buchmarkts versucht. Ihr Erfolg schwankt im Maße der Klarheit, mit der sie das Schlüsselkonzept Cummings' erfassen und wiedergeben. Hans Hennecke[7] bringt die Elektronenmikroskopie mit elektrischer Leuchtreklame durcheinander und gibt "vergrößern" statt "ausdehnen" für *extend* und "windend" statt "krümmend" für *curving:*

. . . rasierklingen, gerühmt von lichtreklamen,
werden monumental; linsen vergrößern
unwunsch durch windendes wowann bis unwunsch
sich kehrt gen sein unselbst . . .

Eva Hesse[8] gibt "erweitern" für *extend,* "beugung" für *curving.* Sie nimmt also *curving* als Substantiv, und sie liest *wherewhen* als Adverb:

. . . linsen erweitern
durch beugung den unwunsch bis wowann der unwunsch
wieder auf unselbst stößt . . .

---

[7] Hans Hennecke, *Gedichte von Shakespeare bis Ezra Pound* (Wiesbaden, 1955), S. 343.

[8] Eva Hesse, *e. e. cummings: Gedichte* (Ebenhausen, 1963), I.

Nur von Gisbert Kranz[9] wurde die Einbeziehung des nichtvisualisierbaren Axioms eines in sich gekrümmten Weltalls in den Argumentationsgang des Texts nicht verkannt:

bemitleid dieses untier, unmenschheit,

nicht! Fortschritt ist 'ne seuche, die bequem:
dein opfer (tod und leben fest entfernt)

spielt mit der größe seiner winzigkeit
– vergöttern elektronen eine klinge
zur bergkette; und linsen dehnen aus

unwunsch durch krümmen von wo-wann, bis unwunsch
sein unselbst wiederhat.
Die welt der mache
ist nicht die welt des zeugens – armes fleisch

und stern, baum, stein bemitleid, aber nie
dies feine beispiel hypermagischer

ultraomnipotenz. Als ärzte sehn wir:

ein hoffnungsloser fall . . . hör: nebenan
ist eine höllisch gute welt. Los, gehn wir

Mit seiner Verarbeitung des neuen Weltbilds in der Bildstruktur seiner Lyrik steht Cummings keineswegs allein da. William Empson verwendete bereits 1928 in seinem Gedicht *Dissatisfaction with Metaphysics*[10] das der Relativitätstheorie entlehnte Konzept "New safe straight lines are finite though unbounded . . ." und bezog es in seine Bilderverschlüsselung ein. Als eine analoge Erstverarbeitung des frühneuzeitlichen "neuen", heliozentrischen Weltbilds könnte man etwa John Donnes Passus aus *An Anatomy of the World* (*BACP* 251) vergleichen. Dieser Text wäre unter Berücksichtigung der beiden in *BACP* gegebenen Weltbild-Diagramme (250 und 251) zu betrachten.

Cummings' übliche "Handschrift": Lese-Poesie

Problematisch bleibt in Cummings' verrätseltem Sonett eigentlich nur noch die Antwort auf die Frage, wohin gegangen werden soll

[9] Gisbert Kranz, *Englische Sonette* (Stuttgart, 1970), S. 183.

[10] Enthalten in Empsons *Collected Poems* (London, 1955), S. 9. – Abgedruckt mit einer Verdeutschung in *Englische Dichter der Moderne*, hrsg. von R. Sühnel und D. Riesner (Berlin, 1971), S. 479 f.

gemäß der Einladung der Schlußzeile. Wo befindet sich eine mögliche unter den besseren Welten? Auf diese Frage bleibt der Gedichtsprecher die Antwort allerdings schuldig. Auch der Interpret wird sie nicht beantworten können – oder sollen.

Wer von Cummings bereits früher gehört hat, könnte angesichts der relativen Erschließbarkeit dieses Gedichts über das Monstrum *manunkind* den Text als unrepräsentativ für den Autor hinstellen wollen. In der Tat praktiziert er nicht die mit der Handschrift Cummings' weithin assoziierte Manier einer ausschließlichen LESEPOESIE, wie sie zum Beispiel das folgende Kurzgedicht[11] kultiviert:

l (a
le
af
fa
ll
s)
one
l
iness

Hier werden eine ungewöhnliche Typographie, die radikale Zerstückelung von Wörtern und eine exzentrische Interpunktion zu SPRACHSUBSTITUTEN erhoben, mit deren Hilfe die poetische Einbettung der Objektbildlichkeit *a leaf falls* in den subjektiven Empfindungsrahmen von *loneliness* bewerkstelligt wird.

Ebensowenig häufen sich im *manunkind*-Sonett die für Cummings charakteristischen Überraschungseffekte durch WORTKLASSENTRANSFORMATION zu solchen Verfestigungen eines grotesken Strophen-Singsangs, wie er etwa in seinem Gedicht über den Ungarn-Aufstand, "*Thanksgiving (1956)*" zu beobachten ist:

---

[11] Aus: Cummings, *95 poems* (New York, 1958), No. 1. Dieser Text wird mit einer pfiffigen Verdeutschung versehen und interpretiert bei Barry A. Marks, "E. E. Cummings: Drei Gedichte", in *Amerikanische Literatur des 20. Jahrhunderts,* Bd. 2, hrsg. von Gerhard Hoffmann (Fischer Interpretationen XII; Frankfurt, 1972).

a monstering horror swallows
this unworld me by you
as the god of our fathers' fathers bows
to a which that walks like a who

but the voice-with-a-smile of democracy
announces night and day
"all poor little peoples that want to be free
just trust in the u s a"

Ebensowenig schließlich bedient sich unser Sonett der Technik durchgängiger ANSPIELUNGSKOLLAGEN im lyrischen Ton, wie sie Cummings in dem folgenden Textpassus[12] zu wahrer Reinkultur gebracht hat:

Come, gaze with me upon this dome
of many coloured glass, and see
his mother's pride, his father's joy,
unto whom duty whispers low

"thou must!" and who replies "I can!"
– yon clean upstanding well dressed boy
that with his peers full oft hath quaffed
the wine of life and found it sweet –

Hier sind die ersten fünf Zeilen ein einziger Flickenteppich von Zitateneinblendungen, von Marlowe über Shelley bis zu Emerson. Die Zitate werden mobilisiert für eine parodistische Angriffsstrategie der Gesellschafts- und Bildungssatire gegen die amerikanische Oberschicht der "WASPs", d. h. die Schicht der "White Anglo-Saxon Protestants".[13]

Die beherrschende Thematik in Cummings' Werk

Daß mit unserem *manunkind* Sonett dennoch eine Textprobe von einer hervorragenden Repräsentanz für Cummings' Werk vorliegt,

---

[12] Aus: Cummings, *Collected Poems* (New York, 1938), No. 149.

[13] Auch in dem satirischen Sonett *"next to of course god america i"* (*BACP* 305) läßt sich Cummings' Zitatkollage-Technik sehr anschaulich im Kontext seiner Kritik am "American Way of Life" illustriert finden.

möchte ein kurzer abschließender Blick auf das ideengeschichtliche Koordinatensystem seines Gesamtschaffens darzulegen versuchen. Bis zu seinem Tod 1962 hat Cummings das Thema der fatalen Gefährdung und der fortwährend weiter schwindenden Rettungschancen des individuellen Bewußtseins im beschädigten Leben der Moderne immer aufs neue angepackt. In einem Bericht über seine Erkundungsreise durch die UdSSR 1931 analysierte er die gleichmacherische Abstraktionswut des ans sozialistische Kollektiv sich verlierenden Einzelmenschen. Den Extrembefund eines vollzogenen Übergangs in den ich-geschwächten Endzustand der *mostpeople* – welchen Begriff Cummings immer in einem Wort schreibt – sah er jedoch nicht beschränkt auf totalitäre Gesellschaftsformen wie die stalinistische oder die des Faschismus. Er entdeckte die gleichen Befunde einer Menschenvermarktung im Funktionsklima der Massendemokratien des kapitalistischen Westens. *Mostpeople* meint bei Cummings ungefähr das, was Erich Fromm im Jahre 1947, vier Jahre nach der Erstveröffentlichung des *manunkind*-Sonetts, "the marketing personality" getauft hat. Wie die Gesetze des Warenmarkts den Tauschwert eines Produkts weit über ihren Gebrauchswert stellen, so "verpacken" die *mostpeople* sich selbst als Produkt, markt- und modegemäß. Ihr Selbst wird zum Un-Selbst ausgehöhlt und so austauschbar wie die Wunschziele und Werte im Standardarsenal ihres fremdgesteuerten Bewußtseins. Sie degenerieren zu Waren, weil sie sich aus dem Privilegienstand der Individuation fallen lassen ins Kollektiv. Als selbstvergessene Roboter werden sie zum Inventar der *world of made.* Das geschäftige Komposit-Monstrum *manunkind* ist die moderne pseudogöttliche Inkarnation dieser perfekt funktionierenden Un-Welt, so wie das Monstrum des Dr. Victor Frankenstein in Mary Shelleys spätromantischem Schauerroman eine Inkarnation der sich in der Technokratie des Machbaren drohend verselbständigenden Industrierevolution des Frühkapitalismus gewesen war.

Cummings' Zorn ist keine Vorwegnahme grüner Modegefühle, sondern der Zorn des humanistischen Satirikers. Zu den Angriffszielen seiner vorausschauenden Zivilisationskritik gehören die patriotische Verlogenheit des latent brutalen "American Dream" und der Konformismus eines potentiell militanten "American Way of Life". Ferner alle Staats- und Kollektivideologien der sich fortschreitend automatisierenden Gesellschaften in Ost und West. Vor allem aber die allgegenwärtige Idiotie in den Traumfabriken und in der Konsumsphäre der *affluent society,* wo die *world of born* besudelt und als Unwelt unwohnlich gemacht wird, wo der einzelne auf das Anhäufen fetischisierter Scheinwerte der *world of made* verpflichtet und wo mit der Veräußerlichung des Wertvollen zwangsläufig und auf breitester Front die Verinnerlichung des Wertlosen vorangetrieben wird.

10. Das Gedicht als Index und Faktor gesellschaftlicher Wirklichkeit

Schon insofern ist das Gedicht ein INDEX gesellschaftlicher Wirklichkeit, als es Produkt gesellschaftlicher Arbeit ist. Wir haben an verschiedenen Beispielen gesehen, wieviel mehr als nur die Arbeit *eines* schöpferischen Individuums in die Bedeutungsstruktur eines Texts einzugehen pflegt: Das Erleben vieler einzelner, das Bemühen vieler Generationen von Künstlern um die Gestaltung, d. h. um Modellhaft- und Vermittelbarmachung von Erfahrung.

Gesellschaftliches wird vom Gedicht allerdings auch vermittelt, indem der Text spezifische Phänomene, Probleme, Anliegen "thematisiert", zu seinem Gegenstand macht. Er mag einen sozialen Sachverhalt spiegeln (wie z. B. in Yeats' *Moll Magee, BACP* 52, die mörderische Entfremdung der proletarischen Frau vom eigenen Kind unter dem buchstäblich verdinglichenden Druck der Schwerarbeit). Oder er mag eine direkte oder indirekte Anklage erheben gegen bestimmte soziale Entwicklungen (etwa den Vertreibungsprozeß der Landbevölkerung durch die Politik der "Enclosure Acts" in der Frühphase der Industrierevolution in Goldsmiths *Deserted Village,* s. S. 156, oder gegen Institutionen (in Blakes *London,* s. S. 170, sind es Kirche, Monarchie und Eherecht) oder gegen zur Institution gewordene Einzelpersonen (Marlborough in Swifts *Satirical Elegy, BACP* 296, Georg III. in Byrons *Vision of Judgment, BACP* 301). Oder er mag das kollektive Miterleben gesellschaftlicher Großentwicklungen "zur Sprache" bringen: die Wirklichkeit des Großstadtlebens (Swifts *City Shower,* s. S. 158 f.; Blakes *London* s. S. 170; Davidsons *Thirty Bob a Week, BACP* 68 ff.) oder die Wirklichkeit des Kriegs (Draytons *Agincourt, BACP* 18 ff.; Southeys *Blenheim, BACP* 41 f.; Tennysons *Charge of the Light Brigade,* s. S. 164 f.; die Weltkriegssonette von Brooke und Owen, *BACP* 150 f.; Edith Sitwells *Still falls the Rain, BACP* 243).

Das Gedicht ist Index und Faktor

Wäre es aber nur Index gesellschaftlicher Wirklichkeit, so hätte das Gedicht bestenfalls den Rang einer vergleichsweise zweifelhaft authentisierten Geschichtsquelle. Kriegsberichte, Stadtratsprotokolle und sogar Sterberegister und Bevölkerungsstatistiken wären dann oft verläßlicher und besitzenswerter. Das Gedicht ist aber auch FAKTOR gesellschaftlicher Wirklichkeit, d. h. es kommt nicht nur aus einem Kontinuum historischer Wirklichkeit heraus, es wirkt auch in ein solches hinein. Nicht nur indem es zeigt, appelliert, erinnert, kritisiert, mahnt, warnt, bestärkt oder besänftigt. Sondern auch schon durch sein bloßes Vorhandensein (und wär's – nach Bertolt Brecht – als "Gespräch über Bäume" in verbrecherischer Zeit: eine Fluchtburg bietend, oder aber die Unmenschlichkeit der Verbrechen mitschuldig verschleiernd). Das Gedicht hat immer seinen "Sitz im Leben" gehabt.

Die poetischen Gattungen und ihr "Sitz im Leben"

Das manifestiert sich schon in der Funktionalität ihrer Einzelgattungen: Es gibt *Epithalamien* zur Verschönerung dynastischer, später auch zur Adelung bürgerlicher Hochzeitsfeiern; *Preis*gedichte auf gekrönte und ungekrönte, zur Krönung drängende Häupter; *Arbeits-*, *Kampf-* und *Sieges*lieder; *Trost*gedichte für Hinterbliebene und *religiöse* Gedichte und Lieder für erbauliche oder gottesdienstliche Zwecke; Texte für die *Kinderstube* und Texte für eine *Sterbehilfe.* Von der Wiege bis zur Bahre pflegte Dichtung gesellschaftlich zu fungieren. Und trotz Revolutionierung der Medien wird sich im Prinzip davon manches weiterhin halten. Zu befürchten ist allerdings, daß, wo Heintjes für Heines Lieder einspringen, der sozialpädagogische Effekt ein entmündigender sein wird.

"Sitz im Leben": Das gilt nicht allein für die Einzelgattungen. Poesie überhaupt ist über weite Zeiträume hinweg ein mitstrukturierender Teilbereich in der Überlieferungsfülle sozialer Verhaltensmuster gewesen, Poesie ist so oder so im Grunde noch heutzutage ein Medium der Sozialisierung, ein mitbestimmender Faktor gesellschaftlicher Wirklichkeit. Sie war Belehrungsmittel, Bildungsinstrument, Sozialisierungs- und Beeinflussungsmedium. Sie konnte der

Regeneration der Arbeitskraft dienen und der Selbstbefreiung des aus seiner Unmündigkeit heraustretenden Subjekts, oder sie wurde als Droge zu einer gesellschaftlich organisierten Wirklichkeits-Fluchthilfe.

Die Realien sind nicht das Primäre; aber sie sind wichtig

Den Leser von Gedichten wird im Interesse seines Verstehens auch immer der gesellschafts- und kulturgeschichtliche Rahmen des jeweiligen Kunstwerks angehen. Oft werden ihn ganz konkrete gesellschaftsgeschichtliche "Realien" interessieren müssen, die im Text hier und da "eine Rolle" spielen. Dennoch wird er nicht *primär* nach den Realien fragen. Wir fragen nicht an erster Stelle nach den Realien der Kapitalakkumulierung und der parlamentarischen Politik der Einhegung des Allmende-Lands ("Enclosure of the Commons"), wenn wir den 1770 veröffentlichten Text *The Deserted Village* von Oliver Goldsmith (1730?–1774) verstehen oder verständlich machen wollen. Aber man wird die Realien kennen müssen.

Ein erstes Beispiel: Goldsmiths "Deserted Village"

Eine Probe aufs Exempel ist anhand des Textausschnitts aus Oliver Goldsmiths *The Deserted Village* (1770) möglich und empfehlenswert. Karl Marx behandelt den von Goldsmith thematisierten Vorgang unter dem Titel "Die sogenannte ursprüngliche Akkumulation" im 24. Kapitel des *Kapital.* Er nennt den Vorgang der Einhegung des Gemeindeeigentums einen "systematisch betriebenen Diebstahl" und behauptet an gleicher Stelle: "Das 18. Jahrhundert begriff jedoch noch nicht in demselben Maß wie das 19. die Identität zwischen Nationalreichtum und Volksarmut."[1] Eine Reihe von Verfahrensmöglichkeiten bietet sich an:

[1] *MEW*, Bd. 23, S. 753. – Zur Erarbeitung des sozialgeschichtlichen Faktenmaterials aus neuerer Sicht ist E. J. Hobsbawms *Industry and Empire,* Pelican Economic History of Britain, Bd. 3 (Harmondsworth, 1969), insbesondere Kap. 4 und 5, zu empfehlen. – Eberhard Brüning hat einen Vorschlag für eine Behandlung des Gesamttexts aus einer marxistischen Sicht vorgelegt: "Oliver Goldsmiths 'Deserted Village' im Englischunterricht",

From THE DESERTED VILLAGE

Sweet smiling village, loveliest of the lawn,
Thy sports are fled, and all thy charms withdrawn;
Amidst thy bowers the tyrant's hand is seen,
And desolation saddens all thy green:
One only master grasps the whole domain,
And half a tillage stints thy smiling plain;
No more thy glassy brook reflects the day,
But, choked with sedges, works its weedy way.
Along thy glades, a solitary guest,
The hollow-sounding bittern, guards its nest;
Amidst thy desert walks the lapwing flies,
And tires their echoes with unvaried cries.
Sunk are thy bowers in shapeless ruin all,
And the long grass o'ertops the mouldering wall,
And, trembling, shrinking from the spoiler's hand,
Far, far away thy children leave the land.

Ill fares the land, to hastening ills a prey,
Where wealth accumulates, and men decay;
Princes and lords may flourish, or may fade;
A breath can make them, as a breath has made.
But a bold peasantry, their country's pride,
When once destroyed, can never be supplied.

Oliver Goldsmith

Der Zeitungs-Essay Goldsmiths, *The Revolution in Low Life*[2], könnte bei der Erörterung der sozialkritischen Tendenz des Gedichts als journalistisches Prosa-Äquivalent und als Keimzelle der Erzählidee einbezogen werden. Mit dem Blick auf die Kernzeilen

> Ill fares the land, to hastening ills a prey,
> Where wealth accumulates, and men decay . . .

können Marxens oben zitiertes Urteil über das Begriffsvermögen im 18. Jahrhundert auf seine Gültigkeit im Hinblick auf Oliver Goldsmith befragt und dessen gesellschaftspolitische Perspektive als die eines antimerkantilistischen und antikolonialistischen "Konservativen" geklärt werden.

Goethe sah in dem Gedicht ein "gemütliches Vorhaben", in dem "ein unschuldiges Vergangenes mit anmutiger Trauer" wieder herangefordert wird (*Dichtung und Wahrheit,* Buch 12). Er las das Goldsmith-Gedicht, als es brandneu war: im Sommer 1772, in Wetzlar. Unter dem starken Eindruck der Lektüre faßte er den Plan einer Übertragung – von der uns jedoch leider nichts überliefert ist. (Die erste erhaltene Übersetzung ins Deutsche wurde 1780 von Goethes Schwager Johann Georg Schlosser vorgelegt.)

Ausgehend von der poetischen Anmut des Textstückes lassen sich der außerliterarische (d. h. hier: an der Sozialgeschichte interessierte) und der ästhetische (auf das Verstehen der Kunstwerkstruktur abzielende) Betrachtungsaspekt zu einer Deckung bringen, indem etwa die Rhetorik der Landschaftsschilderung auf ihr "Bedeuten" hin befragt wird: Die Personalisierung der Landschaft (vermittelt durch die *thy*-Häufung), ihre Beseelung *(smiling-saddens-smiling-choked-works-tires)* und Verfremdung (die Dorfszene wird zur Wüste: *solitary guest desert walks)* signalisieren die Entfremdung des Landbewohners, der seinerseits Verdinglichung erfährt als seelenlos gemachtes Tauschobjekt. (Vgl. Goldsmiths aufklärerische Briefsatire, *Citizen of the World* [1762], Letter 17: "England, therefore, must make an exchange of her best and bravest subjects for raw silk, hemp, and tobacco; her hardy veterans and honest tradesmen, must be trucked for a box of snuff or a silk petticoat.")

Anschließend könnte man den Argumentationsgang des ganzen Goldsmith-Gedichts betrachten. Dabei könnte auf die Tendenz zum enthüllenden Paradox als auf eine Hauptverfahrensweise geachtet werden, mit welcher Goldsmith die (ja soziologisch noch nicht "auf ihren Begriff" gebrachten)

Zeitschrift für Anglistik und Amerikanistik, 1 (1953), 73–81. – Von den neueren Arbeiten zu dem Gedicht sind die beiden wichtigsten: Richard J. Jaarsma, "Ethics in the Wasteland: Image and Structure in Goldsmith's *The Deserted Village*", *Texas Studies in Language and Literature,* 13 (1971/1972), 447–459; Laurence Goldstein, "The Auburn Syndrome: Change and Loss in 'The Deserted Village' and Wordsworth's Grasmere", *ELH: Journal of English Literary History,* 40 (1973), 352–371.

[2] Erstmals erschienen in *Lloyd's Evening Post,* 14.–16.Juni 1762. Nachgedruckt in der Standardausgabe *Collected Works of Oliver Goldsmith,* hrsg. Arthur Friedman (Oxford, 1966), Bd. 3, S. 195–198.

Phänomene der Entfremdung und der Verdinglichung verbildlicht: als die sträfliche Verkehrung natürlicher Verhältnisse. Vgl. z. B. die Zeilen 295 ff.: "Thus fares the land, by luxury betrayed, / ... Its *vistas strike*, its *palaces surprise;* / ... The country blooms – *a garden*, and a *grave*." – Hier sind zwei Fachtermini der populären Garten- und Landschaftskunst der Zeit, *striking vista* ("frappierende Aussicht") und *surprise view* ("Überraschungsperspektive"), zu Schlüsselbildern geworden: die neuen Perspektiven schlagen das Land tot, die neuen Gutsbesitzerpaläste ergreifen und beschlagnahmen die Menschen (*surprise* nach der archaischen, bis 1799 belegten Bedeutung "to capture, seize; to take possession of by force; to take prisoner" – im *Shorter Oxford English Dictionary* die Bedeutung 2 b). Aus dem mittels der Enclosure Acts zu einem schönen Garten eingehegten Land ist ein einziges großes Grab geworden.

Ein zweites Beispiel: Swifts "City Shower"

Wir fragen auch nicht primär sondern allenfalls subsidiär nach dem Stand der Stadtentwässerung und der sanitären Einrichtungen in London, wenn wir die *Description of a City Shower* des Jahres 1710 von Jonathan Swift (1667–1745) lesen (s. S. 160 f.).

Dennoch ist auch dieses Fragen nicht irrelevant. Man könnte nach einem ersten Textdurchgang und nach Klärung der Topographie der Schlußsektion (Smithfield Market, St. Sepulchre Church, Snow Hill, Holborn Conduit and Viaduct, Fleet Ditch) von einer sozialgeschichtlichen Beschreibungspassage wie der folgenden aus der Feder eines nüchternen Fachgelehrten ausgehen:

"The first noticeable thing about these towns would have been the stench. There was no sanitary system; an open cesspool in the court often served the richer inhabitants; the poor, as with Eastern peoples today, made a public convenience of every nook and cranny ... The houses of the poor were one or two room hovels, frequently made only of weatherboard with a pitched roof, placed back to back; or they were the houses of the rich, deserted because their owners were seeking more salubrious suburbs – ramshackle warrens of filth, squalor, and disease. Most cellars were inhabited, not only by people but also by their pigs, fowls, sometimes even by their horses and cattle. All tradesmen and craftsmen used the street as their dustbin, including butchers who threw out the refuse of their shambles to decay and moulder in the streets."[3]

---

[3] J. H. Plumb, *England in the Eighteenth Century;* The Pelican History of England, Bd. 7 (Harmondsworth, 1950), S. 12. – Eine sehr nützliche Informationsquelle ist auch Dorothy George, *London Life in the Eighteenth Century* (Harmondsworth, 1966).

Danach könnte die Spezifik der Textstrategie Swifts erörtert werden, um zu einer präzisen Einschätzung seiner gesellschaftlichen Perspektive zu kommen.

Drei Arbeitsschritte für das Textverstehen

(1) Eine geeignete Einstiegsaufgabe wäre die Segmentierung des Texts (Zeilen 1–12: Vorzeichen des Regens; Zeilen 13–30: Beginn des Sturms; Zeilen 31–52: der Regensturm herrscht über der Stadt; Zeilen 53–63: die Flut) und die Herausarbeitung der Variierung des Sprechtons sowie der wechselnden Anspielungskontexte vom ersten bis zum letzten Segment.

(2) Eine andere wichtige Aufgabe könnte darin bestehen, die STRUKTURBESTIMMENDE METAPHER des großen Regensturms funktional zu beleuchten. Der den vergilischen Landregen der *Georgica* (vgl. Drydens Übersetzung, 1: 483–486 und 533–536) parodierende Stadtregen ist in seiner Funktion vergleichbar dem Kunstgriff in Lesages Roman *Der hinkende Teufel*, wo der "stinkende" Unterteufel Asmodeus gleich anfangs die Dächer der Großstadt lüpft, so daß man die sonst verborgene Lebenswirklichkeit der Gesellschaft plötzlich in greller Simultaneität erblickt. Der große Regen enthüllt, entlarvt Realität, die überall latent "stinkt". Aus den verborgenen Löchern und Winkeln der Metropolis London (die in jenen Jahrzehnten die Dreiviertelmillionengrenze überschritt, schwemmt er Kanalgerüche, Krankheit und Erbrochenes als Abfälle sozialen Seins hervor. Die Stadt zeigt ihr wahres Gesicht. Was man mit den Augen und den Ohren und vor allem der Nase erfaßt, ist eine übelriechende "Lösungsflüssigkeit" menschlicher und gesellschaftlicher Unzulänglichkeiten.

(3) Im dritten Arbeitsschritt fragen wir nach dem Ergebnis des in Phasen ablaufenden Erzählverlaufs: Es ist dies die alles einbeziehende, alles verflüssigende Flut. Was suggeriert dieses großartige Schluß- und SCHLÜSSELBILD? Man wird im Bilde der biblischen Sintflut den Schlüssel zur gesellschaftlichen Perspektive des Gedichts herausarbeiten können. Ausgehend von dem vorbereitenden Milton-Echo in Zeile 13 (vgl. "Meanwhile the Southwind rose ..." in *Paradise Lost*, 11: 738–42, wo sich vor Adams Augen die Kaskaden der strafenden Sintflut über die verderbte Menschheit ergießen) kann die radikalkritische Tendenz der Satire vom Text her ermittelt werden: Für Swift zeigt sich London am Ende regenbogenlos, nicht mehr rettbar, von dem Moment an, wo die nicht reinigende sondern richtende Flut die "Quintessenz" des realen Großstadtlebens am Vorabend der Industrierevolution als eine brutale Mischung von Blut und Schmutz identifiziert hat. Daß das Gedicht diese düstre Sicht in klassischer Dämpfung und mit viel urbaner Ironie vermittelt, darf nicht über seine Grundtendenz hinwegtäuschen. Ein Bildlichkeit und Sprachton einbeziehender Vergleich mit einem London-Essay von Addison oder Steele (etwa mit Steeles *The Hours of London* aus dem *Spectator* Nr. 454 vom 11. August 1712 oder mit Addisons Essay *The Royal*

A DESCRIPTION OF A CITY SHOWER

Careful observers may foretell the hour
(By sure prognostics) when to dread a shower:
While rain depends, the pensive cat gives o'er
Her frolics, and pursues her tail no more.
Returning home at night, you'll find the sink
Strike your offended sense with double stink.
If you be wise, then go not far to dine,
You'll spend in coach-hire more than save in wine.
A coming shower your shooting corns presage,
Old aches throb, your hollow tooth will rage.
Sauntering in coffee-house is Dulman seen;
He damns the climate, and complains of spleen.
  Meanwhile the South, rising with dabbled wings,
A sable cloud athwart the welkin flings,
That swilled more liquor than it could contain,
And like a drunkard gives it up again.
Brisk Susan whips her linen from the rope,
While the first drizzling shower is borne aslope:
Such is that sprinkling which some careless quean
Flirts on you from her mop, but not so clean.
You fly, invoke the gods; then turning, stop
To rail; she singing, still whirls on her mop.
Not yet the dust had shunned th'unequal strife,
But, aided by the wind, fought still for life;
And wafted with its foe by violent gust,
'Twas doubtful which was rain, and which was dust.
Ah! where must needy poet seek for aid,
When dust and rain at once his coat invade?
Sole coat, where dust cemented by the rain
Erects the nap, and leaves a cloudy stain.
  Now in contiguous drops the flood comes down,
Threatening with deluge this devoted town.
To shops in crowds the daggled females fly,
Pretend to cheapen goods, but nothing buy.

The Templar spruce, while every spout's abroach,
Stays till 'tis fair, yet seems to call a coach.
The tucked-up sempstress walks with hasty strides,
While streams run down her oiled umbrella's sides.
Here various kinds, by various fortunes led,
Commence acquaintance underneath a shed.
Triumphant Tories and desponding Whigs
Forget their feuds, and join to save their wigs.
Boxed in a chair the beau impatient sits,
While spouts run clattering o'er the roof by fits;
And ever and anon with frightful din
The leather sounds, he trembles from within.
So when Troy chair-men bore the wooden steed,
Pregnant with Greeks, impatient to be freed
(Those bully Greeks, who, as the moderns do,
Instead of paying chair-men, run them through),
Laocoon struck the outside with his spear,
And each imprisoned hero quaked for fear.
   Now from all parts the swelling kennels flow,
And bear their trophies with them as they go:
Filths of all hues and odours seem to tell
What street they sailed from, by their sight and smell.
They, as each torrent drives, with rapid force
From Smithfield or St. Pulchre's shape their course,
And in huge confluent join at Snow Hill ridge,
Fall from the Conduit prone to Holborn Bridge.
Sweepings from butchers' stalls, dung, guts, and blood,
Drowned puppies, stinking sprats, all drenched in mud,
Dead cats and turnip-tops come tumbling down the flood.

Jonathan Swift

Exchange aus dem *Spectator* Nr. 69 vom 19. Mai 1711[4]) zeigt sehr anschaulich, wie ungemein weit Swifts skeptisches Zeitbild von dem Aufbruchspathos seiner Zeitgenossen im Whig-Lager entfernt ist, denen der damals junge britische Weltmachtsoptimismus, die Droge des aufblühenden "Whig Dream of Empire", noch die graueste Stadtlandschaft in rosigstes Licht tauchte.[5]

Man wird die Mitteilungen von Swifts Satire nicht mehr mißverstehen können, wenn man seine großartige eschatologische Vision auch ganz in ihrer beredten Gegenständlichkeit erfaßt hat. Die "*devoted* town", die so bigotte wie verderbenbedrohte Stadt, ist ja die Kapitale eines gerade selbstbewußt über die Meere ausgreifenden Weltreichs. Und der diesen historischen Gesellschaftskosmos bis zur Kenntlichkeit verunstaltende Flutstrom, in dem sich die Verdinglichung der Existenzerfahrung der Vielen im Jahrhundert der großen Umwälzungen hinein-"liquidiert" hat, war nicht umsonst vom Schlachthof-, Hinrichtungs- und Verbrechensdistrikt der City ausgegangen: von Smithfield Market, dem Zentrum des fleischverarbeitenden Gewerbes der Metzger und der Zuhälter beim Bartholomew Fair, und von St. Sepulchre's beim Stadtgefängnis, neben dem damals Jeremy Peachums Urbild, Jonathan Wild, seine blühende Firma leitete (von der Gays *Bettleroper* erzählt), und von wo aus verurteilte Gefangene bei Volksfeststimmung und unter Geläut der

---

[4] Diese beiden Essays sind am besten zugänglich im dritten der sechs Bände der sehr brauchbaren "Oxford Anthology of English Literature", hrsg. von Frank Kermode und John Hollander: *The Restoration and the Eighteenth Century* (London, 1973), S. 481–486.

[5] Die sicher wichtigste einschlägige Veröffentlichung zum Umkreis des Themas ist Raymond Williams' Buch *The Country and the City* (London, 1973), s. besonders das Kapitel 14, "Change in the City". – Rudolf Haas behandelt in einer vergleichenden Interpretationenfolge neben Swifts *City Shower* und Blakes *London* das Gedicht *London Snow* des Spätviktorianers Robert Bridges: "London in englischen Gedichten: literarische Brechungen des Großstadtthemas", in *Theorie und Praxis der Interpretation* (Berlin, 1977), S. 164–177. Vgl. auch Haas' ältere Arbeit "London im englischen Gedicht" in *Wege zur englischen Lyrik in Wissenschaft und Unterricht* (Heidelberg, 1962), S. 35–49. – Ergänzend ist zu verweisen auf Cleanth Brooks und R. P. Warren, *Understanding Poetry* (New York, 3. Aufl. 1960), S. 200–204; Brendan O'Hehir, "The Meaning of Swift's Description of a City Shower", *ELH: Journal of English Literary History*, 27 (1960), 194–207; und John I. Fisher, "Apparent Contraries: A Reading of Swift's 'A Description of a City Shower' ", *Texas Studies in Literature*, 19 (1975), 21–34.

Glocken dieses "Gotteshauses zum Heiligen Grab" regelmäßig zum Tyburn-Galgen gefahren wurden.

Statt die übelriechende Großstadt-Apokalypse einem Autor von pathologischer Menschenfeindlichkeit zuzuschreiben, wie in der Swift-Kritik so oft geschehen, sollte man auch in diesem Text die Handschrift des humanistischen Realisten lesen lernen, der seine Botschaft auf vielen Ebenen verschlüsselte.

Ein drittes Beispiel: Tennysons "Charge of the Light Brigade"

Primär wird man wohl als Literaturpädagoge heute auch kaum noch nach den strategischen und taktischen Militär-Realien fragen, welche hinter dem vom *poeta laureatus* (d. h. von der Krone benannten Hof- und Staatsdichter) Alfred Lord Tennyson (1809–1892) im ersten Krimkriegsjahr 1854 verfaßten Erzählgedicht *The Charge of the Light Brigade* zu ermitteln sind. Der geschichtliche Anlaß ist uns weit entrückt. Fast noch die handfestesten Erinnerungsgüter sind heute die in der Sprache der Bekleidungsindustrie aufgehobenen Begriffe des "Raglan"-Schnitts von Ärmeln (genannt nach dem Oberkommandierenden auf britischer Krimkriegsseite) oder des "Cardigan" (welches Kleidungsstück den Truppenchef der Leichten Brigade verewigt) oder der "Balaclava"-Mütze (nach der Schlacht selbst benannt). Das sind schüttere Reminiszenzen.[6]

Was dem Leser des Gedichts die Notwendigkeit auferlegt, außer der Textstruktur hier auch den Wirklichkeitsrahmen intensiv in seine Verstehensbemühungen einzubeziehen, ist vor allem die Legendenbildung um die Entstehung des Texts herum, die auch in literaturpädagogischen Handreichungen oft genug Eingang fand. Ein abschreckendes Beispiel für die unkritische Kultivierung solcher Legenden ist die Kommentierung des Texts in "Velhagen und Klasings Sammlung französischer und englischer Schulausgaben"

---

[6] Es gibt neben zahlreichen (älteren) Geschichtsmonographien über den letzten großen der "alten" Kriege zwei neuere Darstellungen, die speziell die Hintergründe der vielleicht berüchtigtesten Episode der englischen Militärgeschichte ausleuchten: Cecil Woodham-Smiths *The Reason Why* (1953) und Christopher Hibberts *The Destruction of Lord Raglan* (1961) – beide bei Penguin erschienen und spannend zu lesen.

THE CHARGE OF THE LIGHT BRIGADE

Half a league, half a league,
 Half a league onward,
All in the valley of Death
 Rode the six hundred.

Into the valley of Death
 Rode the six hundred,
For up came an order which
 Some one had blunder'd.
'Forward, the Light Brigade!'
'Take the guns,' Nolan said:
Into the valley of Death
 Rode the six hundred.

'Forward the Light Brigade!'
No man was there dismay'd,
Not tho' the soldier knew
 Some one had blunder'd:
Theirs not to make reply,
Theirs not to reason why,
Theirs but to do and die,
Into the valley of Death
 Rode the six hundred.

Cannon to right of them,
Cannon to left of them,
Cannon in front of them
 Volley'd and thunder'd;
Storm'd at with shot and shell,
Boldly they rode and well,
Into the jaws of Death,
Into the mouth of Hell
 Rode the six hundred.

Flash'd all their sabres bare
Flash'd all at once in air
Sabring the gunners there,
Charging an army, while
  All the world wonder'd:
Plunged in the battery smoke,
With many a desperate stroke
The Russian line they broke;
Then they rode back, but not
  Not the six hundred.

Cannon to right of them,
Cannon to left of them,
Cannon behind them
  Volley'd and thunder'd;
Storm'd at with shot and shell,
While horse and hero fell,
Those that had fought so well
Came from the jaws of Death,
Back from the mouth of Hell,
All that was left of them,
  Left of six hundred.

When can their glory fade?
O the wild charge they made!
  All the world wonder'd.
Honour the charge they made!
Honour the Light Brigade,
  Noble six hundred!

Alfred Tennyson

kurz vor dem Anbruch des Ersten Weltkriegs. Dort schrieb eine Lehrkraft der Luisenstädtischen Oberrealschule: "In dem Berichte der 'Times' über diese heroische Tat standen die Worte: *Some one had blundered.* Diese blieben dem tief ergriffenen Dichter im Gedächtnis haften, und aus ihnen erwuchs das Gedicht, das eine ungeheure Wirkung ausübte. Sein Text wurde auf fliegende Blätter gedruckt und unter die Soldaten verteilt. Das atemlose, kurze trochäische Metrum trug nicht wenig zu der zündenden Wirkung des Gedichtes bei."

Wenn sich Legenden um den Text ranken ...

Der tatsächliche Ereignisverlauf, der dem Gedicht zugrundeliegt[7], und die ermittelbaren Fakten, die hinter diesem spätwilhelminischen Butzenscheibenbild vom dichterischen Schöpfungsakt auszumachen sind, werden von allerlei Ungereimtheiten in ein merkwürdiges Licht getaucht. Ein seniler Oberbefehlshaber (Lord Raglan) hatte eine schludrig formulierte schriftliche Ordre durch seinen Adjutanten (Captain Nolan) zwei bornierten, miteinander verfeindeten Offizieren (den Earls von Lucan und von Cardigan) übermitteln lassen. Teils aus Mutwilligkeit, teils gedankenlos hatte Lucan (der später deshalb vors Kriegsgericht kam) eine militärisch unsinnige Attacke gegen die falschen Geschützstellungen reiten lassen. Zwei bezeichnende Sachverhalte lassen sich zur Erhellung der zentralen Problematik, die Tennysons Verherrlichung jener Orgie von Kadavergehorsam einhüllt, isolieren:

Daß der Dichter erstens mit Sicherheit ein wenig mogelte, als er behauptete, das Gedicht unmittelbar unter dem Eindruck der ersten *Times*-Berichterstattung am 2. Dezember geschrieben zu haben. (Die Kampfereignisse des 25. Oktober, durch reitende Boten nach Wien übermittelt und von dort nach London telegraphiert, wurden von der *Times* erstmals am 11. November referiert. Der ausführliche Bericht zwei Tage später, der die Wendung "some hideous blunder" enthält, spricht von 700, nicht 600 Kavalleristen. Der Nationaldichter dürfte die *Times*-Ausgabe vom 13. 11. kaum erst am 2. 12. gelesen haben – und hätte er's, so hätte sein Strophenschluß "Rode the seven hundred" lauten müssen.)

Und daß er zweitens den heiklen Kernsatz bei der ersten Buchveröffentlichung des Gedichts einfach strich – angeblich auf Anraten von Freunden und wegen der Unreinheit des Reims *blundered/hundred* – um ihn dann bei

[7] Vgl. hierzu den Kommentar in *BACP* 46 f., wo das Gedicht statt in der von uns hier gegebenen Erstfassung (aus der Zeitung *The Examiner* vom 9. Dezember 1854) in der stark überarbeiteten Version vom August 1855, der Version "letzter Hand", gegeben wird; siehe ferner den Eintrag zu der zeitgenössischen Balaclava-Lithographie (*BACP* 338).

erneuter Drucklegung nach Protesten von Freunden wieder einzufügen. Die dergestalt hin- und herrevidierte Textfassung ist diejenige, die im August 1855 als Sonderdruck in 1 000 Exemplaren hergestellt wurde, um unter die englischen Soldaten auf der Krim sowie im Lazarett der Florence Nightingale in Scutari verteilt zu werden.

Jeder Leser mag für sich die Vergeßlichkeit des Dichters in Sachen der Entstehungsgeschichte seines Textes bewerten. Jeder mag die Wahrscheinlichkeit der Behauptung selber veranschlagen, daß Tennyson vom Metrum des Gedichts *Agincourt* (*BACP* 18 ff.) nicht beeinflußt worden war.

Tendenzen beim Umdichten des Militär-Debakels von Balaklava

Wer den Strophenbau und die Metrik von Tennysons Gedicht mit der Machart der britischen Nationalhymne *God save the Queen* vergleicht und über die Zufälligkeit etwaiger Ähnlichkeiten nachdenkt, mag auch weitere poetische Verarbeitungen des dramatischen Kampfgeschehens auf ihre Technik und ihre Tendenz hin untersuchen wollen: Etwa eine zeitgenössische Bänkelsänger-Straßenballade wie die anonyme der Firma Slade Murray, deren Anfangszeilen so lauten:

Six hundred stalwart warriors of England's pride the best,
Did grasp the lance and sabre on Balaclava's crest,
And with their trusty leader, Earl Cardigan the brave,
Dashed through the Russian valley to glory or a grave . . .

Oder die langatmige amerikanische Bearbeitung des Stoffs durch einen Autor namens Alexander Beaufort Meek, von der schon die Anfangsstrophen mit ihren unfreiwillig komischen Reminiszenzen aus Poes *Raven* jeden einschlägigen Lesebedarf mehr als decken dürften[8]:

Oh, the Charge at Balaklava!
Oh, that rash and fatal Charge!
Never was a fiercer, braver,
Than that Charge at Balaklava,
On the battle's bloody marge!
All the day, the Russian columns, –
Fortress huge,and blazing banks, –
Poured their dread destructive volumes
On the French and English ranks –
On the gallant allied ranks!

[8] In den frühesten Rezeptionsjahren von Tennysons Kriegsgedicht schrieben außer Meek in Amerika auch Julia Ward Howe und James Barron Hope ernstgemeinte Imitationen der *Charge of the Light Brigade.* Vgl. J. O. Eidson, *Tennyson in America: His Reputation from 1827 to 1858* (Athens, Georgia, 1943).

Earth and sky seemed rent asunder
By the loud incessant thunder!
When a strange, but stern command, –
Needless, heedless, rash command, –
Came to Nolan's little band, –
Scarce six hundred men and horses
Of those vast contending forces, –
"England's lost! oh, charge and save her –
Charge the pass of Balaklava!"
Oh, that rash and fatal Charge,
On the battle's bloody marge!

Ohne Zweifel verdient auch Rudyard Kiplings großartiges Antwortgedicht *The Last of the Light Brigade* (1891) als ein kritischer Respons auf die schillernde Wirkungsgeschichte von Tennysons Ballade Beachtung, in dem die verkrüppelten Überlebenden der Schlacht sich als zerlumpte Bettler-Veteranen aufmachen zum "Master-singer who had crowned them all in his song", um ihn um ein "To be continued" zu bitten: "Let us go to the man who writes / The things on Balaclava the kiddies at school recites ..." Der makabre Demonstrationszug der zwanzig Übriggebliebenen, die aus dem Krimkrieg-Inferno des glorifizierten Heldentods in die heimische Hölle des Invalidentums und der Armenhäuser lädiert entlassen worden waren, wird an der Gartenpforte des "Poet Laureate" von dessen livriertem Butler zum Stillstand gebracht:

The old Troop-Sergeant was spokesman, and "Beggin' your pardon," he said,
"You wrote o'the Light Brigade, sir. Here's all that isn't dead.
An' it's all come true what you wrote, sir, regardin' the mouth of hell;
For we're all of us nigh to the workhouse, an' we thought we'd call an' tell ..."

Ezra Pounds in den dreißiger Jahren unseres Jahrhunderts entstandene Arbeitslosen-Satire *The Charge of the Bread Brigade* (aus den *Poems of Alfred Venison*) schließlich ist eine parodistische Fußnote zu einem düsteren Kapitel von Poesie-Rezeption:

There goes the night brigade,
They got no steady trade,
Several old so'jers know
Monty has blunder'd.
Theirs not to reason why,
Theirs but to buy the pie,
Slouching and mouching,
Lousy ten million!

11. Gedichtstruktur und die ungelösten Antagonismen der Realität: Blakes *London*-Gedicht

Wir fragen – um unsere kleine Serie von "Fallanalysen" zum gesellschaftlichen Inhalt, den ein poetischer Text vermittelt, mit einem gewichtigeren Beispiel abzuschließen – auch nicht primär nach dem Stand der Heizungstechnik, der Umweltverschmutzung und der Arbeitsmarktverhältnisse in der Hauptstadt des britischen Weltreichs, wenn wir das im vierten Jahr nach dem Pariser Bastille-Sturm entstandene Gedicht *London* von William Blake (1757–1827) lesen.[1]

Gefragt werden muß aber. Unter anderem etwa nach der Zunahme der Jugendlichen-Prostitution in den Straßen der damals volkreichsten Stadt Europas im Zuge der zyklischen und zum Teil auch kriegsbedingten Teuerungen. Und nach der damit einhergehenden Ausbreitung von Geschlechtskrankheiten. (In jener Zeit zählte man allein in London 50 000 Prostituierte, bei einer Bevölkerung von etwas unter einer Million.)

Gefragt werden muß nach dem Anwachsen des Heeres von invalidisierten Soldaten, das noch vom jüngst verlorenen Krieg gegen die nordamerikanischen Kolonien (1775–1783) übriggeblieben war und das nun schon im ersten Jahr des Kriegs gegen das

[1] Das Gedicht ist vielfältig kommentiert worden. Aus der Fülle veröffentlichter Interpretationen seien hier nur einige herausgegriffen, in denen *close reading* und sozialgeschichtliches Fragen in besonders fruchtbare Berührung gebracht werden: Winifred Nowottny, *The Language Poets Use* (London, 1962), S. 184–186; David V. Erdman, "Infinite London", in *Blake, Prophet against Empire: A Poet's Interpretation of the History of His Own Times* (Princeton, 3. Aufl. 1977), S. 270–279; E. P. Thompson, "London", in *Interpreting Blake*, hrsg. von Michael Phillips (Cambridge, 1978), S. 5–31; Gavin Edwards, "Mind-forg'd Manacles: A Contribution to the Discussion of Blake's 'London' ", *Literature and History*, 5 (1979), 87–105; Michael Ferber, " 'London' and Its Politics", *ELH: Journal of English Literary History*, 48 (1981), 310–338.

LONDON

I wander through each chartered street,
Near where the chartered Thames does flow,
And mark in every face I meet
Marks of weakness, marks of woe.

In every cry of every man,
In every infant's cry of fear,
In every voice, in every ban,
The mind-forged manacles I hear –

How the chimney-sweeper's cry
Every blackening church appals;
And the hapless soldier's sigh
Runs in blood down palace walls.

But most through midnight streets I hear
How the youthful harlot's curse
Blasts the new-born infant's tear,
And blights with plagues the marriage-hearse.

William Blake

republikanische Frankreich neuerliche Auffüllung erfuhr, um das "stehende Heer" von Straßenbettlertum, Kleinkriminalität und Lumpenproletariat zu verstärken.

Und es muß nach den Lebensumständen der "Climbing Boys" gefragt werden, der kindlichen Schornsteinfegergehilfen, die, verwaist oder aber von ihren Familien an die Fegemeister der Innung verkauft, oft schon mit vier Jahren ihre "Berufstätigkeit" aufzunehmen begannen. (Je eher um so willkommener, Kleinwüchsigkeit war hier ein wertvoller Vorzug, wie in den Stollen der Bergwerke der Zeit, und oft genug wurden bei der Verdingung falsche Angaben über das Alter der zu Rekrutierenden gemacht.) Seit den Tagen der Königin Elisabeth I. waren sie die benachteiligteste Gruppe der englischen Gesellschaft, wie man an der Antithese in Shakespeares Zeilenpaar "Golden lads and girls all must, / As chimney-sweepers, come to dust" ablesen kann (*BACP* 158). Verstärkt seit dem Londoner Großfeuer von 1666, in dessen Gefolge die Heizungseinrichtungen der wiederaufgebauten Stadtviertel standardisiert wurden, reinigten die "Climbing Boys" (und nicht selten auch "Climbing Girls") die Essen, indem sie sie von innen begingen. Spätestens mit 10 oder 12 Jahren mußten sie diesen mörderischen Dienst quittieren: Sei es, weil Verbrennungen oder Stürze sie zu Frühinvaliden gemacht hatten, sei es weil durch Rußeinwirkung verursachter Haut- oder Lungenkrebs sie bereits erkennbar zu qualvollem Dahinsiechen verurteilt hatte. Nur in glücklichsten Fällen hörten sie auf, weil ihr Körperwuchs (obschon meist retardiert) sie fürs weitere Durchklettern der engen, rauhen, verwinkelten Kamine disqualifizierte. Sie wurden dann in der Regel zu Juniorpartnern der Unternehmer im Feghandwerk, oder selbständig, oder zu deklassierten Asozialen.

Erschütternde gegenständliche Einzelheiten jener deshumanisierenden Alltagswirklichkeit kann man dem für die englische Sozialgeschichte des frühen 19. Jahrhunderts wichtigen Buch *London Labour and the London Poor* (1851) von Henry Mayhew (1812–1887) entnehmen, dem aus einer Zeitungsserie in der *Morning Chronicle* 1849 bis 1850 hervorgegangenen, stupenden Basiswerk einer frühen Art von "oral history". Mayhew schaute als Zeitgenosse des Professors Faraday auf die Zeit unseres Gedichts mit dem Abstand eines guten Halbjahrhunderts zurück, d. h. hier mehr eines sehr schlimmen. Bereits 1788 hatte Jonas Hanway die menschenunwürdigen Lebensbedingungen der "Kletterkinder" – allerdings ohne effektive Reso-

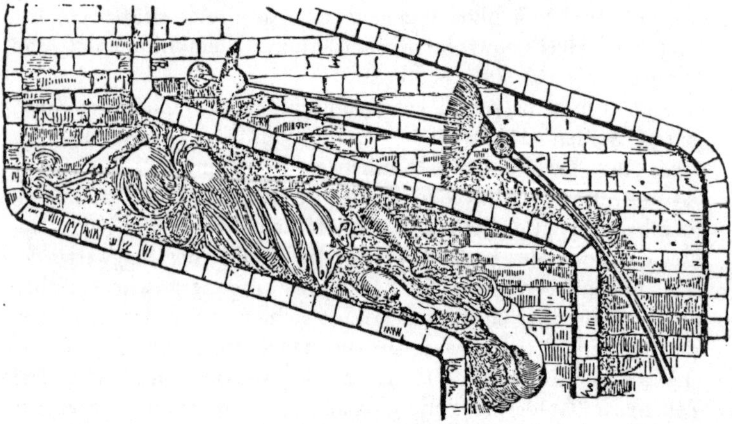

THE

PATENT VULCAN MACHINE,

FOR CLEANSING CHIMNEYS,

To which was awarded the Gold Medal by the Climbing Boys' Committee,

THE RIGHT HONORABLE THE EARL OF SHAFTESBURY, CHAIRMAN.

Invented and Manufactured by

S. F. EVERY Esq., OF QUORNDON, NEAR DERBY.

This Machine is so constructed, that the little blocks containing whalebone, are allowed to bend downwards with ease during ascent, thus passing freely along the upper surface of slopes; whereas during descent, the blocks are on the contrary, held out firmly by a band of Vulcanised India Rubber, thereby causing the Machine to strain upon its universal joint, and take a lower position, thus sweeping the bottom surface of the slopes in a most effectual manner.

The above woodcut, represents the Prize Machine, with a small brush for cleansing pots, as it really appears when descending a slope of 110 degrees; also the helpless and fearful situation of a Climbing Boy during the same work.

Machines are made of different dimensions to order, varying in price according to circumstances, the more general size being 17 inches in diameter, Price £1 12s. to all licensed persons, or Companies, for general use. Private Families may obtain the same, to be used at their own houses, without license for £2, and canes, with sockets attached, for 2s. each, twenty or more being usually required.

Machines for Cleansing the Flues round Steam Engine Boilers, Conservatories, &c. made to meet peculiar difficulties on receipt of particular information.

Drawings, containing the exact formation of difficult chimneys being forwarded, with every needful particular, advice will be given, on reasonable terms, as to the best method of relieving the same.

For further information, and to treat for Licenses, apply to the Manufacturer and Patentee, S. F. EVERY, Quorndon, Derby.

Reklameprospekt der Firma Every in Quorndon (Derby).

nanz – vor das britische Unterhaus gebracht. Mittlerweile waren die von George Smart 1803 entwickelten mechanischen Kaminfeg-Apparate schon seit Jahrzehnten verfügbar und wurden immer wieder mit humanitärem Pathos empfohlen. (Siehe den abgebildeten Reklameprospekt der Firma Every, Derbyshire.) Und inzwischen hatte das Parlament in der "Chimney Sweeper Act" von 1834 immerhin festgelegt, daß jeder "Climbing Boy" beim Eintritt in seinen "Beruf" in Gegenwart zweier Magistratsbeamter zu erklären hatte, er sei aus freien Stücken "willing and desirous to follow the business of a Chimney Sweeper". Was diese Gesetzesregelung allerdings in der Praxis wert war, beleuchtet ein Dialogpassus aus Charles Dickens' *Oliver Twist* (1837/38):

> "Well", said the old gentleman, "I suppose he's fond of chimney-sweeping?" – "He doats on it, your worship", replied Bumble, giving Oliver a sly pinch, to intimate that he had better not say he didn't.

(Bumble ist als Kirchendiener für das Armenhauskind Oliver zuständig.) Man denke auch an das märchenhafte Schicksal des Kletterbuben Tom in Charles Kingsleys Roman *The Water Babies,* (1863).

Wie wenig enthusiastisch die einfache technische Lösung, die doch seit langem schon die Leidbürde der kleinen Schornsteinfegerbuben überflüssig gemacht hatte, von manchen Kreisen akzeptiert wurde, belegt die Protokollnotiz einer Zeugenaussage vor einem Parlamentsausschuß des Oberhauses aus dem Jahre 1853 – also volle 60 Jahre nach Blakes grimmiger Anklage:

> "A lady of large fortune told me that she had all her chimneys swept by boys and let the law be what it would, she would do it, and that she would have no new-fangled notions . . . because it keeps her furniture more clean."[2]

Das in buchstäblicher Wahrheit schwärzeste Kapitel der europäischen Kinderarbeit in der Frühphase der Industrierevolution[3] fand erst 1875 sein Ende, als das Parlament eine von Lord Shaftesbury

---

[2] Vgl. John Langdon-Davies, Hrsg., *Shaftesbury and the Working Children:* Jackdaw, No. 7 (London, 1964).

[3] Hierzu George L. Phillips, *England's Climbing Boys: A History of the Long Struggle to Abolish Child Labour in Chimney-Sweeping* (Cambridge, 1949), sowie Martin K. Nurmi, "Fact and Symbol in 'The Chimney Sweeper' of Blake's *Songs of Innocence", Bulletin of the New York Public Library,* 68 (1964), 249–256, nachgedr. in *Blake: A Collection of Critical Essays,* hrsg. von Northrop Frye (Englewood Cliffs, 1966), S. 15–22.

schon zum x-ten Male eingebrachte Gesetzesvorlage ratifizierte, die das Begehen der Schornsteine durch Kinder unter Verbot stellte.

Berücksichtigung des Doppelcharakters von Kunst

Will eine Gedichtbetrachtung den Doppelcharakter von Kunst ernstnehmen – nämlich ein *fait social* (ein gesellschaftliches Faktum) zu sein und zugleich doch auch eine autonome (eigengesetzliche) Hervorbringung –, so wird ihr die Formel Theodor W. Adornos eine konkrete Herausforderung sein: "Die ungelösten Antagonismen der Realität kehren wieder in den Kunstwerken als die immanenten Probleme ihrer Form. Das, nicht der Einschluß gegenständlicher Momente, definiert das Verhältnis der Kunst zur Gesellschaft."[4]

Wie aber kann eine solche höchst theoretisch anmutende Auffassung vom Verstehensprozeß des *close reading* an dichterischen Texten praktiziert werden?

Für eine vergleichende Betrachtung von englischen Gedichten, in denen sich der Wandel geschichtlicher Lebenswirklichkeit in der Groß- und Weltstadt London spiegelt, könnte man zwischen Swifts *City Shower* (1710; s. oben, S. 158 f.) und Blakes *London* noch Exzerpte aus John Gays *Trivia: Or, The Art of Walking the Streets of London* (1716; z. B. die Cloacina-Episode, 2: 99–216) oder aus Dr. Samuel Johnsons Juvenal-Imitation *London* (1738; z. B. Zeilen 159–241) setzen und dann den Längsschnitt über William Wordsworth (mit *Composed Upon Westminster Bridge,* 1802, *BACP* 142; und Auszügen aus *The Prelude,* 1805, etwa 7: 592–622), Robert Bridges (*London Snow,* 1890), T. S. Eliot (mit Auszügen aus *The Waste Land,* 1922; etwa "The Burial of the Dead"), John Betjeman (z. B. *In Westminster Abbey,* 1940; *BACP* 306–307) bis zu einem London-Gedicht unserer Tage (z. B. von Michael Hamburger) ziehen.[5]

---

[4] *Ästhetische Theorie* (Frankfurt, 1970), S. 16. – Walter Benjamin präzisierte bereits im Jahre 1926 die Aufgabe des Interpreten sehr analog: er müsse in Sachgehalte so tief eindringen, daß ihm gelinge, "die Kurve ihres Herzschlags als die Linie ihrer Formen aufzuzeichnen". *Der Stratege im Literaturkampf* (Frankfurt, 1974), S. 17.

[5] Neben einer anschaulichen Londoner Stadtgeschichte wie z. B. John Hayes' *London: A Pictorial History* (London, 1969) wäre für ein solches Projekt die Anthologie *London: Eine europäische Metropole in Texten und Bildern,* hrsg. von Norbert Kohl (Frankfurt, 1979) von Nutzen. Zum Verfahren des synoptischen Betrachtens vgl. R. Williams, "Change in the City", in *The Country and the City* (London, 1973), S. 142–152; Max Byrd, *London*

Eine die nationalsprachlichen Grenzen überschreitende Betrachtung, in der ebenfalls bedeutende Lyrik in Synopse mit exemplarischer Stadt-Gesellschaftsgeschichte gedeutet wird, könnte unter dem Leitthema "Die Großstadt als Metapher für gesellschaftliche Inhumanität" das New York W. H. Audens (z. B. *City Without Walls)*, das Chicago Carl Sandburgs *(Chicago)*, das Paris Charles Baudelaires (*Rêve Parisien)* und das Berlin Georg Heyms (z. B. *Berlin III*, "Schornsteine stehen . . .") einbeziehen.[6]

Erster Schritt: Textsegmentierung in Blakes London-Gedicht

Die Erörterung des Gedichts *London* beginnt am besten mit der Feststellung der Textgliederung. Sehr deutlich ist das Gedicht seiner Syntax und Gedankenentwicklung nach zweigeteilt. Die Wasserscheide zwischen seinen je zweistrophigen Teilen bildet das exakt in der Textmitte stehende Wort *hear.* Sieht man jedoch mehr auf die Bildstruktur, so ergibt sich eine Dreiteilung: Strophe 1 / Strophe 2 / Strophen 3 und 4.

Die Strophe 1 etabliert im Volksliedton der Eröffnungsworte die Sprecheridentität: Der Dichter spricht als durch die Oberflächenerscheinungen sehender, in die Tiefe der Wirklichkeit hineinhörender *homo viator,* Mensch auf Wanderschaft; im Verlauf des Gedichts wird er dann immer mehr in den Hintergrund treten. Und sie etabliert die Lokalität der im Gedicht sich ereignenden Wirklichkeitsenthüllung: die bis ins letzte Straßenwinkelchen hinein kom-

---

Transformed: Images of the City in the Eighteenth Century (New Haven, 1978); Heather Glen, "The Poet in Society: Blake and Wordsworth on London", *Literature and History,* No. 3 (1976), 2–28; Graham Pechey, "The London Motif im Some Eighteenth-Century Contexts: A Semiotic Study", *Literature and History,* No. 4 (1976), 2–29; Rudolf Haas, "London in englischen Gedichten: literarische Brechungen des Großstadtthemas", in *Theorie und Praxis der Interpretation: Modellanalysen englischer und amerikanischer Texte* (Berlin, 1977), S. 164–177; Peter Günther, "Anglo-Amerikanische Großstadtlyrik im Englischunterricht der Sekundarstufe II", *Die Neueren Sprachen,* 79 (1980), 604–618.

[6] Für deutschsprachige Großstadtlyrik empfehlen sich die Anthologien *Über die großen Städte: Gedichte 1885–1967,* hrsg. von Fritz Hofmann u. a. (Berlin/DDR, 1968), und *Deutsche Großstadtlyrik vom Naturalismus bis zur Gegenwart,* hrsg. von Wolfgang Rothe (Stuttgart, 1973); vgl. auch die materialreiche Einführung von Karl Riha, *Deutsche Großstadtlyrik* (München, 1983).

merziell parzellierte Weltstadt London am Strand des Themseflusses, der nicht nur seit den Tagen Swifts (wie dessen *City Shower* uns lehrte) zur *cloaca maxima* der Stadtgesellschaft geworden war – Blakes Manuskript hatte ursprünglich beide Male *dirty* anstelle von *chartered* –, sondern mittlerweile auch, wider die Natur des mobil freien Lebensstroms, zu einer profitmaximierend genutzten Rendite-Immobilie. Stadt und Fluß wird die gleiche Eigenschaft zugesprochen. Das gedoppelte *chartered* greift die seit der Magna Carta verbrieften Freiheitsrechte des "Freeborn Briton", die *chartered liberties* des wohlgeborenen Individuums wie die der monopolmächtigen *chartered companies,* ganz in der entmythologisierenden Beleuchtung von Tom Paines *Rights of Man* (1792) auf:

> "It is a perversion of terms to say that a charter gives rights. It operates by a contrary effect – that of taking rights away. Rights are inherently in all the inhabitants; but charters, by annulling those rights in the majority, leave the right, by exclusion, in the hands of a few . . . therefore, all charters have no other than an indirect negative operation. They do not give rights to A, but they make a difference in favour of A by taking away the right of B, and consequently are instruments of injustice."[7]

Im Entstehungsjahr des Gedichts war die Staatslizenz *(charter)* der den Londoner Hafen beherrschenden privatrechtlichen East India Company, kurz vor dem 200. Jahrestag ihrer Gründung, auf weitere 20 Jahre erneuert worden.

Die *marks* der Eingangsstrophe lassen an das "mark of the Beast" denken, das verhängnisvolle Malzeichen des Antichrist im Kontext von Kaufen und Verkaufen.[8] Denn auch in diesem Babylon ist alles

[7] Thomas Paine, *The Rights of Man* (London: Everyman's Library, 1915), S. 224–225.

[8] "And he causeth all, both small and great, rich and poor, free and bond, to receive a mark . . . And no man might buy or sell, save that he had the mark . . ."(*Revelation,* 13:16–17). – Weitere biblische Anspielungskontexte sind in den Würgezeichen von *Hesekiel,* 9:4, und im Kainsmal von *Genesis,* 4:15, gesehen worden. – Eine willkürliche Verabsolutierung der alttestamentarischen Hesekiel-Vision als einer Vorbild-Struktur für das Gedicht William Blakes hat in der sogenannten "Dekonstruktions-Kritik" der "Yale School" zu irreführenden Andeutungen und wunderlichen Fehlschlüssen geführt. Vgl. Harold Bloom, *Poetry and Repression: Revisionism from Blake to Stevens* (New Haven, 1976), S. 34–44. – Blooms geschichtsblinde und kabbalistisch etymologisierende "strong misreadings" von Blakes *London* sind mit Umsicht und Augenmaß widerlegt worden von Stein Haugom Olsen, "On Unilluminating Criticism", *British Journal of Aesthetics,* 21 (1981), 50–64.

käuflich: der Angstschweiß des erstickenden *chimney sweeper* wie das Lebensblut des zwangsrekrutierten Soldaten, die Jugendblüte des Straßenmädchens wie die kommerzialisierten Sakramente des besitzbürgerlichen Heiratsmarktes.

In der zweiten Strophe macht die Viererfolge *cry-cry-voice-ban* die Leidwirklichkeit entfremdeten Lebens als Ensemble verwandelter "Streetcries of London" hörbar. Das mehrdeutige Wort *bans* kann das "Aufgebot" (*marriage banns)* suggerieren und stimmt zugleich in seiner heute archaischen Bedeutung "Fluch" auf das Klagen, Seufzen und Verwünschen der 2. Gedichthälfte ein. Es kann auch auf die Verursachung solcher Leidäußerungen verweisen, auf "öffentliche Proklamationen", die dem Volke immer neue Zwänge auferlegen. Darüberhinaus werden in den Bedeutungen "Ausstoßung aus der Kirche", "Ruf zu den Waffen, Heerbann" und "Verbannung aus der Gesellschaft" die drei in Strophen 3 und 4 konkretisierten Themen vorweggenommen. Die Monotonie der Anaphern (d. h. der gleichlautend beginnenden Verszeilen oder Syntagmen: "*In . . . In . . . In . . . in . . .")* und die Wortwiederholungen im Innern (fünfmal *every* in nur drei Zeilen) zielen auf die summierende, für alle geltende Formel *mind-forged manacles.* (In der Erstfassung des Manuskripts hatte statt dessen *German-forged links* gestanden, eine Anspielung auf die ungeliebte Dynastie dreier Hannoveraner-Könige, deren dritter, Georg III., schon seit 1760 regiert und in Krisenzeiten auch schon deutsche Söldner auf englischem Boden stationiert hatte.) Das Wort *manacles* weist auf die vom Menschengeist zu verantwortenden Ursprünge des Leidzustands hin, vielleicht mit Anklang an den ersten Halbsatz von Rousseaus *Du Contrat social* (1762), "Der Mensch wird frei geboren, und überall liegt er in Ketten . . .", ganz gewiß aber im Sinne jener Antithese von *love* als freier Humanität und *deceit* als exploitierender Entfremdung, wie sie Blake selber in seinem Gedichtfragment *How to know Love from Deceit*[9] beschworen hat:

> Love to faults is always blind,
> Always is to joy inclined,
> Lawless, winged & unconfined,
> And breaks all chains from every mind.

---

[9] Aus den Gedichten des "Rossetti Notebook" (ca. 1793).

Deceit to secresy confined,
Lawful cautious & refined;
To every thing but interest blind,
And forges fetters for the mind.

Die Strophen 3 und 4 bilden ein zusammenhängendes Segment mit eigener Binnenstrukturierung, das vom syntaktisch ambivalenten *hear* der Zeile 8 abhängt. (*hear* bezieht sich "logisch" auf *manacles* – in den Schreien der Leidenden hört man die von Menschengeist verschuldete Unfreiheit –, läßt aber "psychologisch" auch eine Lesung zu, die es auf die gesamte zweite Gedichthälfte bezieht: "I hear How . . . And (how) . . . But most . . . How . . ."). Dieses Segment ist wiederum dreigeteilt. Jeder Teilabschnitt beinhaltet eine überraschende, von manchem Kritiker "surrealistisch" genannte Metamorphose eines Klanges ins bildhaft Sichtbare hinein. Jeder ist einer der drei am übelsten gebeutelten Bevölkerungsgruppen der Großstadt London gewidmet: der erste den kindlichen Schornsteinfegern, der zweite den invalidisierten Soldaten, der dritte – durch Akzentsetzung und Expansion (vier Zeilen statt zweier, dazu der Superlativ *most*) als gewichtigster markiert – den jugendlichen Straßenhuren.

Zweiter Schritt: Bildanalyse im Detail

Als nächste Verstehensbemühung scheint damit die Feinanalyse der Bildlichkeitsstruktur in der dreigeteilten zweiten Gedichthälfte geboten zu sein. Der Sprecher des Gedichts macht *hörbare* Leidbekundungen der Menschen in Bildern *sichtbar*, die in unvermittelten Metamorphosen visionäre *Lesbarkeit* gewinnen. Er sieht an den Kirchengebäuden die dicke Rußschicht als Leichentuch der *ecclesia militans*, der in der Welt schuldhaft agierenden Kirche. Er sieht das Blut des geschundenen Söldners an den Palastmauern der Mächtigen herabfließen. Er hört und sieht wie der Fluch einer jungen Hure ein Neugeborenes schädigt und eine Ehe zerstört. Die Bilder sind schonungslos direkt und konkret: Ruß, Blut, Geschlechtskrankheit. Aber ihre stärkste Wirkung kommt ihnen aus ihrer abrupten Montage zu.[10]

[10] In diesem Absatz nehme ich Auslegungsgedanken auf, die ich einem

Die Bildlichkeit des *chimney sweeper* (Zeilen 9–10): Im ersten Bild materialisiert sich der Schrei des "Kletterkinds" als Ruß, der die vormals strahlend hellen Gotteshäuser der von Sir Christopher Wren nach dem "Great Fire" prachtvoll wiederhergestellten City seit dem Einsetzen der Industrierevolution überzogen hat. Ruß ist das Produkt des Tuns des "climbing boy": Damit jener in die Atmosphäre gelangen kann, steigt dieser ja durch die ihm todbringenden Essen. Die schwärzende Verschmutzung der Umwelt ist bildliches Korrelat, ist makabrer Erfolgsbeleg für die Schwerarbeit des unglücklichen Kindes. *blackening* ist zugleich transitiv (die Kirche verdunkelt die Stadtlandschaft) und medial-transitiv (sie dunkelt sich ein). Rußbelag schwärzt das Kirchengebäude physisch so wie die Schwärze des Unrechts, das die Gesellschaft am *chimney-sweeper* begeht, die Leuchtkraft der Kirche als Institution, die derartiges Unrecht toleriert oder verschleiert, längst moralisch verdunkelt hat. *appals:* ein randvoll mit Bedeutungen und metaphorischer Suggestivität aufgeladenes Wort – die Kirche wird in plötzlicher Dynamik zu erschüttertem Erschrecken oder zum – angesichts ihrer Schwärze paradoxen – Erbleichen gebracht, oder aber auch in ihr Leichentuch (*pall*) gehüllt.

Die Bildlichkeit des *hapless soldier* (Zeilen 11–12): Im zweiten Bild entfaltet sich für den Leser eine ganz ähnliche Metamorphose. Sie geht wiederum von einem Aufschrei aus. Und wieder verwandelt sich dieser in ein Sichtbares: ein blutiges Menetekel, entzifferbar an den Häusern der Herrschenden. Daß die hohen Ziegelmauern des elisabethanischen St. James Palace (der heutige Buckingham Palace stand noch nicht) nächtens durch rote, d. h. jakobinische Wandparolen verunstaltet zu werden pflegten, enthüllt sich dem Verstehen des Lesers auch ohne Nachblättern in Geschichtsdarstellungen der Epoche, weil ihm die offenkundig analog sich entwickelnde Metaphorik den Verstehensschlüssel an die Hand gibt. Wie der Ruß buchstäblich Produkt der leidvollen Tätigkeit der Fegerkinder ist, so sind die antiroyalistischen Wandparolen Verwandlungsprodukt der Schmerzerfahrung der in den Kriegsdienst gepreßten (ein Bürgerheer gab es in England noch nicht), jüngst für fremde Interessen kämp-

Heidelberger Seminar mit Josef Schwarz verdanke. – Vgl. auch Grant C. Roti und Donald L. Kent, "The Last Stanza of Blake's *London*", *Blake: An Illustrated Quarterly,* 11 (1977), 20.

fenden und blutenden, nun aber pensions- und entschädigungslos der Straßenbettelei überlassenen Kriegskrüppel und Veteranen der konterrevolutionären Armeen.

Die Bildlichkeit der *youthful harlot* (Zeilen 13–16): Der Parallelismus der Aussageelemente dechiffriert die Botschaft auch des dritten Bildes. Hier verwandelt sich der Fluch der Hure in ein zweifaches "Realprodukt": Tränenlosigkeit oder Blindheit beim Neugeborenen, epidemisches Umsichgreifen der Geschlechtskrankheit auch im unverläßlichen Schutzbezirk der bürgerlichen Ehe. Die Doppelmoral, die die Prostitution duldet und doch die Reinheit der Frau zur unerbittlichen Forderung erhebt, macht bei Blake aus der Eheinstitution ein monströses amphibisches Gebilde, das als *marriage-hearse,* "Hochzeits-Leichenwagen", ins Schlußbild tritt. *hearse* allein kann neben "Leichenwagen" auch "Totenbahre", "Katafalk" o. ä. bedeuten. Die Antithetik dieses von Blake mit sprachschöpferischer Gewaltsamkeit zusammengefügten Doppelbegriffs entspricht der Brisanz des Gemeinten. Ehe, die eigentlich Garant für lebensbejahendes Glück und bleibende Liebe sein soll, wird im Klima verordneter Hypokrisie zum todbringenden Vehikel, das alle Verheißung des Glücks verneint.

Dritter Schritt: Synopse – Eine Trias von Institutionen wird angeklagt

Eine Synopse der dreifachen Anklageerhebung läßt sich etwa im folgenden Diagrammschema wiedergeben:

hörbarer *Ausdruck* der Leiderfahrung als Verursachungsquelle	reales Verwandlungsprodukt, *Materialisierung* der Leiderfahrung	als verantwortlich entlarvte *Institution* der Gesellschaft
1. chimney-sweeper's cry	blackening of church	church/religion
2. soldier's sigh	blood running down wall	palace/monarchy
3. harlot's curse	blasting of tears, blighting with plagues	marriage/law

Damit entschlüsselt sich die geballte Explosivität der Gesellschaftskritik Blakes. Der dreifache Fluch, der über der mitternächtlichen Kapitale des weltumspannenden britischen Imperiums lastet, ist der Fluch einer Dreiheit von benennbaren Institutionen, die es abzuschaffen gilt. Welches diese drei Institutionen für Blake sind, ist nunmehr kaum noch ein Rätsel: die Staatskirche, die Monarchie und die in der Eheinstitution verdinglichte bürgerliche Besitz- und Rechtsmoral.

Blakes Trias bei den Romantikern Shelley und Heine

Percy Bysshe Shelley findet ein Vierteljahrhundert später in seiner apokalyptisch verbildlichten Traumvision *The Mask of Anarchy* (1819), die eine Demaskierung der "Charaktermasken" der bestehenden Verhältnisse inszeniert, für eben diese Trinität gesellschaftlicher Institutionen die liturgische Anredeformel "Thou art God, and King, and Law". Sie macht er für das Peterloo-Blutbad verantwortlich – jenes Schlüsselerlebnis des auf Reform hoffenden britischen Volks im Jahre der Karlsbader Beschlüsse, bei dem auf dem Petersfeld bei Manchester eine gegen obrigkeitliche Repression demonstrierende Bürgerversammlung brutal von Stadtmilizen zusammengeritten wurde. Shelley wählt als Kollektivnamen für die ungöttliche Dreieinigkeit der Grundsäulen der plutokratischen Gesellschaft – in einer höchst provozierenden Bedeutungsinversion – einen in des Fürsten Metternich Tagen ebenso gefürchteten wie dämonisiereten Tabubegriff: "Anarchie". Ein Halbjahrhundert später sollte in Heinrich Heines *Die Weber* (1844) ein dreifacher Fluch ein dreifach gewebtes Leichentuch über das alte Deutschland legen. Der triadischen Formel "God-King-Law" von Blake und Shelley entspricht bei Heine die verwünschte Dreifaltigkeit des Gottes, des Königs der Reichen und des falschen Vaterlandes, "wo nur gedeihen Schmach und Schande". Auch Heines Emblembild vom Sargtuch Alt-Deutschlands war für Alt-England schon von Blake voll ausgeführt worden. In seinem "Pickering Manuscript", das er lebenslang unter Verschluß hielt, finden sich in den *Auguries of Innocence* die Zeilen

The harlot's cry from street to street
Shall weave Old England's winding sheet.
The winner's shout, the loser's curse,
Dance before dead England's hearse.

Blake war, als er sein Gedicht schrieb, offenbar vom Jakobinismus nicht weit entfernt, der 1791 im Pariser Club des Cordeliers die triadische Exorzismus-Formel "Liberté, Fraternité, Egalité" in die Welt des europäischen Aufruhrs gesetzt hatte. Sein *London*-Gedicht erschien zu seinen Lebzeiten nicht im Druck, nur als handillustrierter Privatdruck wie die meisten seiner Texte. Blake nannte in seiner diffizilen privaten Mythologie, die er nach und nach für seine fortschreitend esoterischer werdenden Geschichtsvisionen entwikkelte, den Jupiter- und Jahwe- ähnlichen Vorsitzenden der alten Ordnung "Urizen". Der von Blake erfundene Göttername suggeriert die Vorstellung des einengend begrenzenden *Horizonts,* zugleich liegt ein Klangspiel mit dem englischen *"your reason"* vor. Als "The Ancient of Days" (der Alte der Tage) zelebriert er im Frontispiz zu Blakes Geschichtsepos *Europe* (1794) sein böses Tyrannentum, indem er mit dem Zirkel der Newtonschen Naturwissenschaft arbeitet: als ein durch Messen und Teilen funktionierendes Unterdrückungsprinzip. Urizen ist auch der hinfällige Greis, der auf Blakes eigener merkwürdiger Illustration des *London*-Gedichts erkennbar ist, von einem kleinen Kind durch Londons Straßen geleitet (*BACP* 236). Als Verkörperung des *ancien régime,* dessen erste Ursache er ist und dessen letztes weinendes Opfer selber zu werden er sich endlich anschickt, formuliert dieser Urizen seinen Wahlspruch in Blakes Gedicht *The First Book of Urizen* (1794): "One King, one God, one Law". Vorher schon hatte der Autor selbst (in seinem Notizbuch, dem sogenannten "Rossetti-Notebook", in einem mit dem Gedicht *The Human Abstract* korrelierten Fragment) die drei Hauptübel der entfremdeten Industriegesellschaft präzisiert, als handele es sich um ein Resümee des *London*-Gedichts:

> There souls of men are bought & sold
> And milk fed infancy for gold
> And youth to slaughter houses led
> And beauty for a bit of bread . . .;

und an anderen Stellen jenes Notizbuchs finden sich Versionen eines nie veröffentlichten Vierzeilers, der zu der in den Bildstrukturen des *London*-Gedichts immanent gemachten Botschaft die explizite Entschlüsselung liefert:

Remove away that blackning church
Remove away that marriage hearse
Remove away that — of blood
You'll quite remove the ancient curse.

Statt des Strichs findet sich in einer der Manuskriptversionen ein schwer leserliches Wort, das entweder *place* oder *palace* sein könnte. An anderer Stelle findet sich statt dessen: *man*. Hätte es eines weiteren Beweises dafür bedurft, daß Blakes Sprachkunstwerk *London* "die ungelösten Antagonismen der Realität" (Adorno) als immanente Probleme seiner Form zu strukturieren verstanden hat, hier wäre der Beweis gegeben.

Schlußüberlegung: Das "freispielende" Gedicht als Kulturerbe

Es schadet also nie, möglichst viel über die gesellschaftliche Wirklichkeit zu wissen, aus der ein kommunikationsfähiges Gedicht herauswuchs, möglichst viel über die historische Lebenswelt individueller und kollektiver Glücks- und Leiderfahrung, die sich hinter den Realien der Sozialgeschichte verbirgt und die eingegangen ist in das freie Strukturenspiel der Texte.

"Freispielend" sind solche ästhetischen Strukturen der Gebilde in mehrfachem Sinn. Der Dichter spielte sich in ihnen stellvertretend für andere frei vom Druck eines Eingepaßtseins in Realitätszwänge. Und aus dem Freiraum des ästhetischen Spiels der Bedeutungen wächst dem verstehenden Leser des Gedichts neben der Fähigkeit zu persönlichem Mit- und Nacherleben des modellhaft Vermittelten auch Kraft zu für die eigene Ich-Findung und damit für Widerstand gegen fremdbestimmtes, außengesteuertes Mitspielen. Zum KULTURERBE werden poetische Texte recht eigentlich immer erst durch die Authentizität der in ihnen *zur Sprache* kommenden menschlichen Glücksverheißung, der von ihnen beglaubigten geschichtlichen Leiderfahrung. Hat solche Erfahrung Eingang gefunden in die Texte, so können diese über Epochen hinweg Aufklärung im Sinnspiel mit Dunkelheiten leisten, Solidarisierung in tätigem Verstehen vermitteln.

Sie werden zum Kulturerbe aller Nachgeborenen – auch und gerade wo sie einstmals von wenigen einzelnen für Wenige gemacht wurden und wo ihre elitären Hersteller ebenso wie ihre elitären Leser ihr Privileg der gesellschaftlichen Benachteiligung der Vielen verdankten, deren kollektives Leiden namen- und wortlos blieb. "Mehr zu wünschen wäre", so Theodor W. Adorno, "daß eines besseren Tages Kunst überhaupt verschwände, als daß sie das Leid vergäße, das ihr Ausdruck ist und an dem Form ihre Substanz hat . . . Was aber wäre Kunst als Geschichtsschreibung, wenn sie das Gedächtnis akkumulierten Leidens abschüttelte."[11]

[11] Th. W. Adorno, *Ästhetische Theorie* (Frankfurt, 1970), S. 386 f.

Weiterführende Literatur

F. W. Bateson, *English Poetry: A Critical Introduction* (London, 1950).
Gottfried Benn, *Probleme der Lyrik* (Wiesbaden, 1951).
H. Bodden und H. Kaußen, *Modellanalysen englischer Lyrik* (Stuttgart, 1974).
C. Brooks, *The Well Wrought Urn: Studies in the Structure of Poetry* (New York, 1947).
C. Brooks und R. P. Warren, *Understanding Poetry* (New York, 3. Aufl. 1960; 4. Aufl. 1976).
C. B. Cox and A. E. Dyson, *Modern Poetry: Studies in Practical Criticism* (London, 1963).
Hilde Domin, *Wozu Lyrik heute – Dichtung und Leser in der gesteuerten Gesellschaft* (München, 1968).
W. Erzgräber, Hrsg., *Englische Lyrik von Shakespeare bis Dylan Thomas* (Darmstadt, 1969).
Hugo Friedrich, *Die Struktur der Modernen Lyrik: Von Baudelaire bis zur Gegenwart* (Hamburg, 1956).
K. H. Göller, Hrsg., *Die englische Lyrik – von der Renaissance bis zur Gegenwart*, 2 Bde. (Düsseldorf, 1968).
K. H. Göller, Hrsg., *Epochen der englischen Lyrik* (Düsseldorf, 1970).
R. Haas, *Theorie und Praxis der Interpretation: Modellanalysen englischer und amerikanischer Texte* (Berlin, 1977).
R. Haas, *Wege zur englischen Lyrik in Wissenschaft und Unterricht* (Heidelberg, 1962).
Enid Hamer, *The Metres of English Poetry* (London, 1930).
J. Hollander, Hrsg., *Modern Poetry: Essays in Criticism* (London, 1968).
W. Hüllen, W. Rossi, W. Christopeit, Hrsg., *Zeitgenössische amerikanische Dichtung: Eine Einführung in die amerikanische Literaturbetrachtung mit Texten und Interpretationen* (Frankfurt, 1960).
W. Kayser, *Das sprachliche Kunstwerk* (Bern, 1948).
L. Lerner, *An Introduction to English Poetry: Fifteen Poems Discussed* (London, 1975).
K. Lubbers, Hrsg., *Die amerikanische Lyrik: Von der Kolonialzeit bis zur Gegenwart* (Düsseldorf, 1974).

H.-W. Ludwig, *Arbeitsbuch Lyrikanalyse* (Tübingen, 1979).
H. Meller, Hrsg., *Zeitgenössische englische Literatur – Einführungen in die englische Literaturbetrachtung mit Interpretationen: Lyrik* (Frankfurt, 1966).
G. Müller-Schwefe, *Einführung in die Gedichtinterpretation: Schlüssel zur englischen Lyrik* (Dortmund, 1969).
W. Nowottny, *The Language Poets Use* (London, 1962).
H. Oppel, Hrsg., *Die moderne englische Lyrik: Interpretationen* (Berlin, 1967).
E. Platz-Waury, Hrsg., *Moderne englische Lyrik: Interpretation und Dokumentation* (Heidelberg, 1978).
J. Press, *A Map of Modern English Verse* (Oxford, 1969).
C. Ricks, Hrsg., *Poems and Critics* (London, 1966).
T. A. Riese und D. Riesner, Hrsg., *Versdichtung der englischen Romantik: Interpretationen* (Berlin, 1968).
A. F. Scott, *Close Readings: A Course in the Critical Appreciation of Poetry* (London, 1968).
R. Skelton, *The Practice of Poetry* (London, 1971).
A. Stein, *The Uses of Poetry* (New York, 1975).
R. Sühnel und D. Riesner, Hrsg., *Englische Dichtung der Moderne* (Berlin, 1971).
J. Wain, Hrsg., *Interpretations: Essays on Twelve English Poems* (London, 1955).
E. Werlich, *Poetry Analysis: Great English Poems Interpreted* (Dortmund, 1967).

Verzeichnis der erörterten Gedichte und Autoren

Stichwortregister